HEYNE

W0266747

Kompaktwissen

Christina Zacker

Rechtsbegriffe
einfach erklärt

Von A wie
Abänderungsklage
bis Z wie
Zwangsvollstreckung

Originalausgabe

Wilhelm Heyne Verlag
München

HEYNE KOMPAKTWISSEN
22/381

Unter Recherche und Mitarbeit von
Alexander Herr

Umwelthinweis:
Dieses Buch wurde auf chlor- und säurefreiem Papier gedruckt.

Redaktion: Oliver Neumann, Redaktionsbüro Dr. Andreas Gößling

Printed in Germany 1998
Umschlaggestaltung: Atelier Ingrid Schütz, München
Technische Betreuung: M. Spinola
Satz: Datentechnik Rudolf Schaber, Wels
Druck und Verarbeitung: Ebner Ulm

ISBN 3-453-14184-9

VORWORT

Fast jeder träumt wohl einmal davon, ohne den ganzen Wust an Gesetzen und Verordnungen, behördlichen Vorschriften und Anordnungen zu leben. Sicherlich kommt uns dieser Traum besonders dann wünschens- und erstrebenswert vor, wenn uns selbst »kraft Gesetzes« die Allmacht des Staates trifft.

- Sie möchten Ihr Eigenheim erweitern? Ganz so einfach, wie Sie glauben, geht das nicht. Da müssen Anträge gestellt, um eine oder mehrere Baugenehmigungen ersucht werden. Bis Sie diese erhalten, können Wochen und Monate ins Land gehen, und selbst dann ist ganz und gar nicht sicher, ob Sie Ihr eigenes Haus so umbauen dürfen, wie Sie es vorhatten.
- Sie wollen im eigenen Garten einen Baum pflanzen, womöglich nahe der Grundstücksgrenze? Vergessen Sie es erst einmal: Ihr Nachbar hat unter Umständen genauso viel Einspruchsrecht wie so manche Behörde Ihrer Gemeinde.
- Wer als Autofahrer am Straßenverkehr teilnimmt, kommt mit dem Arm des Gesetzes besonders schnell und manchmal auch besonders häufig in Kontakt. Oder haben Sie noch niemals falsch geparkt, sind noch nie zu schnell gefahren, haben noch nie den TÜV-Termin um ein paar Tage überzogen?

Um den Staat und seine Eingriffe in unser persönliches, ganz alltägliches Leben kommt man einfach nicht herum – selbst wenn manch einer das hin und wieder mehr oder minder heftig versucht.

- Sie gehen morgens zum Bäcker und kaufen Brötchen? Dann haben Sie, rechtlich gesehen, einen Kaufvertrag geschlossen – obwohl gewiß weder Sie noch der Bäckermeister eine schriftliche Vereinbarung über Lieferung, Qualität und Beschaffenheit dieser Brötchen unterzeichnet haben.
- Sie haben mit Ihrem Nachbarn vereinbart, daß er während Ihres Urlaubs in Ihrer Wohnung nach dem Rechten sieht? Vielleicht den Briefkasten leert, die Blumen gießt, den Kater versorgt? Auch das ist im Grunde ein rechtlicher Vorgang: Sie haben im Prinzip einen »Verwahrungsvertrag« mit Ihrem Nachbarn geschlossen. Danach können Sie ihn sogar haftbar machen, wenn es in Ihrer Abwesenheit zu Schäden kommt.

Ganz schön kompliziert, nicht wahr?
Darüber hinaus gibt es viele rechtliche Angelegenheiten, die uns wirklich betreffen, bei denen wir aber nicht genau genug wissen, wie wir am besten vorgehen sollten: etwa, wenn wir einen Mietvertrag unterzeichnen sollen, aber nicht einmal ahnen, welche »Fallen« unser künftiger Hausherr »eingebaut« hat, welche Paragraphen und Regeln der Hausordnung eigentlich »Sitte und Anstand« entsprechen, welche dagegen als sittenwidrig gelten. Oder wenn wir einen Gebrauchtwagen kaufen und uns nach allen Regeln der Rechtskunst vergewissern möchten, daß der Verkäufer uns nicht über den Tisch zieht. Ähnlich ergeht es uns bei manchen Versicherungsverträgen, bei Bankgeschäften und vielen anderen Dingen des Alltagslebens. Von alledem haben wir – obwohl es dabei oft um unser gutes Geld geht, um unsere Altersversorgung, ja vielleicht sogar um unsere Existenz – meist wenig oder sogar überhaupt keine Ahnung.
Ob wir dies gutheißen oder nicht: Zweifellos erfordert das Zusammenleben in einer Gemeinschaft, und gar in einer so komplexen, großen und vielfältigen wie der unsrigen, allgemeingültige Regeln, an die sich jeder halten muß. Nur so

kann unsere Gesellschaft funktionieren, nur so ist das Zusammenleben so vieler Menschen auf engem Raum möglich.
Aufgrund dieser Allgegenwart von Regeln, Gesetzen und Verordnungen begegnen uns im täglichen Leben immer wieder Begriffe des Rechts – ob nun in der Arbeitswelt oder in der Freizeit, im Sport- oder im Vereinsleben. Dennoch weiß so mancher nicht, was diese Begriffe eigentlich bedeuten.
Das vorliegende Buch will Aufschluß geben über die wichtigsten Rechtsbegriffe des Alltagslebens. Von A wie »Abänderungsklage« bis Z wie »Zweitwohnungssteuer« finden Sie die wichtigsten Begriffe aus der Sprache des Rechts verständlich erklärt und erforderlichenfalls mit eingängigen Beispielen versehen. Im Anhang sind außerdem die wichtigsten juristischen Abkürzungen aufgeführt.
Noch ein Hinweis in eigener Sache: Auch Recht und Gesetz ändern sich. Dieser Ratgeber ist im Jahr 1997 entstanden und richtet sich nach der zu diesem Zeitpunkt gültigen Rechtsprechung.

A

Abänderungsklage

Mit dieser Klage wollen Sie erreichen, daß ein Urteil auf Unterhaltsleistungen abgeändert wird, und zwar deshalb, weil sich die Lebenshaltungskosten verändert haben. Das gilt für Unterhaltszahlungen von geschiedenen Ehepartnern, aber auch anderen Unterhaltsberechtigten (Eltern, Großeltern, Enkeln). Für den Unterhalt von Kindern gibt es gesonderte Regelungen.

Abfallbeseitigung

Abfälle dürfen nur in dafür zugelassenen Anlagen gelagert werden. Dabei ist darauf zu achten, daß die menschliche Gesundheit geschont wird, daß Tiere nicht gefährdet, Gewässer, Boden und Pflanzen nicht schädlich beeinflußt werden. Die Verpackungsverordnung bestimmt unter anderem, daß Transportverpackungen seit 1991 und Verkaufsverpackungen seit 1993 von Betreibern und Herstellern zurückgenommen werden müssen. Ausnahme: wenn beide sich an einem System (»duales System«) beteiligen, das für eine regelmäßige Abholung gebrauchter Verpackungen von Haushaltungen oder aus deren Nähe sorgt. Der »grüne Punkt« zeigt an, daß der Vertreiber oder Hersteller am dualen System beteiligt ist. Transportverpackungen sind z. B. Kisten, Kartonagen, Folien, Paletten. Unter Verkaufsverpackungen versteht man u. a. Becher, Beutel, Flaschen oder Schachteln. Umverpackungen (z. B. Kartons um eine Zahnpastatube oder einen Kosmetiktiegel) dürfen vom Verbraucher seit 1992 an der Kasse im Geschäft entfernt werden. Vertreiber bzw. Geschäftsinhaber müssen also dafür sorgen, daß Sie als Verbraucher Umverpackungen noch im Laden entsorgen können. Spezielle Regelungen gibt es für Sonderabfälle: Die Gemeinden haben für privaten Sondermüll besondere Deponien oder Sammelstellen; Industrieabfälle dagegen werden vom Erzeuger selbst entsorgt.

Abfindung

Eine Abfindung ist die einmalige Zahlung einer Summe, durch die bestimmte Ansprüche abgelöst werden. Arbeitnehmer können z. B. eine Abfindung bekommen, wenn sie unverschuldet und aus betriebsinternen Gründen ausscheiden müssen. Das wird vor allem dann der Fall sein, wenn ein Arbeitsvertrag nur schwer gekündigt werden kann. Abfindungen kennt man auch bei Scheidungen, beim Erbverzicht, beim Versorgungsausgleich oder als Zahlung an Soldaten nach Ende ihrer Laufbahn.
In der gesetzlichen Rentenversicherung wird eine Abfindung fällig, wenn ein/e Witwe/r sich wiederverheiratet: Anstelle der bisher bezogenen Rente wird dann eine Abfindung in Höhe des zweifachen Jahresbeitrags der bisher bezogenen Rente bezahlt. In der Sozialversicherung können auch Ansprüche auf Krankenhilfe, Mutterschaftshilfe und Familienhilfe durch Abfindungen ausgeglichen werden, wenn ein Versicherter ins Ausland zieht, der Versicherungsfall aber schon eingetreten ist. In der Unfallversicherung können Verletzte (oder ihre Hinterbliebenen) z. B. statt einer Rente eine Abfindung erhalten.

Abgaben

So nennt man alle Geldleistungen, die ein Staatsbürger kraft Gesetz leisten muß: Beiträge, Gebühren, Sonderabgaben, Steuern und Zölle.

Abgeordnete

Abgeordnete sind die Mitglieder eines Parlaments. Sie werden in Deutschland vom Volk gewählt, und zwar in geheimer, freier, unmittelbarer und gleicher Wahl. Ein Abgeordneter ist nicht an Aufträge und Weisungen gebunden, sondern nur dem eigenen Gewissen unterworfen. Er (oder sie) nimmt an der Arbeit des Parlaments (also des Bundestags bzw. der Länder- oder Kommunalparlamente), an den dortigen Verhandlungen und Entscheidungen teil. Während seines Mandats darf er keine anderen als die gesetzlich vorgesehenen Zuwendungen (Diäten) annehmen. Im Abgeordnetengesetz sind die Rechtsverhältnisse der Bundestagsabgeordneten geregelt.

Abmahnung

Eine Abmahnung ist ein Hinweis auf ein pflicht-, treue- oder vertragswidriges Verhalten mit Androhung von Sanktionen im Wiederholungsfall. Eine Abmahnung ist erforderlich vor einer Kündigung von Dienstverträgen, Kündigung aus wichtigem Grund, Unterlassungsklage gegen Allgemeine Geschäftsbedingungen, Rücktritt vom Erbvertrag und bei Wettbewerbsverstößen. Wettbewerbsrechtliche Abmahnkosten verjähren in sechs Monaten.

Abmeldung von Kfz

Legen Sie ein Auto oder ein Motorrad vorübergehend still, so müssen Sie der Zulassungsstelle den Kfz-Schein aushändigen. Die Kennzeichen werden entstempelt, und im Kfz-Brief wird die Abmeldung vermerkt. Die Kfz-Steuer entfällt. Soll das Fahrzeug länger als ein Jahr stillgelegt werden, ist neben der Entstempelung der Kennzeichen die Rückgabe von Kfz-Schein und -Brief erforderlich. Dieser wird bei Neuzulassung an den Halter zurückgegeben. In vielen Gemeinden kann man mittlerweile für zeitweilig angemeldete Fahrzeuge Nummernschilder erhalten, deren Gültigkeit auf Zeiträume innerhalb eines Jahres begrenzt ist.

Abrechnung

Eine Abrechnung kann eine Schuldanerkenntnis oder ein Vergleich sein, falls dies von beiden Vertragspartnern gebilligt wird. Bei der Einkommensabrechnung haben Sie als Arbeitnehmer laut Gesetz Anspruch darauf, daß die Zusammensetzung Ihres Einkommens übersichtlich dargestellt wird. Viele Gehaltsstreifen sind jedoch für Laien nur schwer durchschaubar. Scheuen Sie sich nicht, in der Buchhaltung Ihrer Firma um Aufklärung zu bitten.

Abschlagszahlung

Als Abschlags- oder Teilzahlung bezeichnet man eine Zahlung für bereits geleistete Arbeit, die noch nicht abgerechnet wurde. Sie ist aber nicht mit Darlehen oder Vorschuß zu verwechseln.

Abschreibung

Bei der Abschreibung werden die Anschaffungs- bzw. Herstellungskosten von bestimmten – abnutzbaren – Investitionsgütern auf künftige Geschäftsjahre verteilt. Kaufen Sie als Inhaber einer Firma z. B. ein Auto, so werden die Kosten des Fahrzeugs über mehrere Jahre steuerlich »abgeschrieben«. Maßgebend dafür ist die Dauer der voraussichtlichen Nutzung. Der Grund für die Abschreibung: Sie können hierdurch jedes Jahr Ihren zu versteuernden Gewinn mindern und zahlen somit weniger Steuern.

Absicht

Darunter versteht man den Willen, mit dem man den Erfolg einer bestimmten Handlung zu erreichen versucht. Wichtig ist dieser Begriff im Strafrecht (z. B. § 253 StGB: Erpressung).

Abstammung

Unter der Abstammung ist die Herkunft eines Kindes von bestimmten Eltern zu verstehen. Das BGB unterscheidet hier eheliche und nichteheliche Abstammung. Grundsätzlich hat jedes Kind ein Recht auf Kenntnis der eigenen Abstammung. Das nichteheliche Kind hat auf jeden Fall einen Anspruch auf Benennung des leiblichen Vaters (BVerfG v. 18. 1. 1988). Auch hat das volljährige eheliche Kind ein Recht auf Auskunft über seinen leiblichen Vater, falls die Mutter mit einem anderen Mann verheiratet ist.

Abzahlungsgeschäft

Ein Abzahlungsgeschäft ist der Kauf einer beweglichen Sache, bei dem der Kaufpreis in Raten entrichtet wird. Man spricht dabei auch von Teilzahlungen.

Adoption

Mit der Adoption beginnt ein Eltern-Kind-Verhältnis, das nicht auf einer leiblichen Abstammung beruht. Das BGB unterscheidet zwischen der Adoption Minderjähriger und der Adoption Volljähriger.
Bei der Adoption eines *Minderjährigen* muß das Wohl des Kindes gewährleistet sein. Auch muß sichergestellt sein, daß ein gutes Eltern-Kind-Verhältnis bestehen wird. Adoptiveltern können Ehepaare sein, die ein Kind gemeinschaftlich annehmen (ein Ehegatte muß mindestens 25 Jahre, der andere mindestens 21 Jahre alt sein). Auch eine unverheiratete Person kann ein Kind adoptieren, wenn bestimmte Voraussetzungen erfüllt sind. Darüber entscheidet das Vormundschaftsgericht auf Antrag dessen, der das Kind adoptieren will. Auf jeden Fall ist die Einwilligung des Kindes erforderlich. Auch die leiblichen Eltern oder – falls diese nicht mehr leben – der gesetzliche Vormund müssen zustimmen.
Die Adoption eines *Volljährigen* ist dann möglich, wenn sie sittlich gerechtfertigt ist, z. B. bei der Adoption eines Pflegekindes. Auch hier entscheidet das Vormundschaftsgericht. Der Adoptierte erhält den Namen des Annehmenden, nicht jedoch dessen Staatsangehörigkeit. Der Adoptierende ist als erster zum Unterhalt verpflichtet, obwohl die verwandtschaftlichen Beziehungen des Adoptierten zu seinen leiblichen Verwandten bestehen bleiben.

Akkordarbeit

Dieser Begriff bedeutet, daß sich die Höhe des Lohns nach dem Ergebnis der geleisteten Arbeit richtet (z. B. nach der Zahl der fertiggestellten Stücke). Akkordarbeit ist Jugendlichen unter 18 Jahren (Jugendarbeitsschutzgesetz, § 23) grundsätzlich verboten.

Akteneinsicht

Bei einem Zivilprozeß dürfen sämtliche Beteiligten und Interessierten die behördlichen Akten einsehen. In Strafakten darf jedoch nur ein bevollmächtigter Rechtsanwalt Einsicht nehmen, und bei Finanzbehörden besteht aufgrund des Steuergeheimnisses grundsätzlich kein Recht auf Akteneinsicht. In einem Verwaltungsverfahren hat jeder Beteiligte dazu die Möglichkeit, soweit es der Wahrung seiner Rechte dient.

Aktiengesellschaft

Das ist eine Gesellschaft des Handelsrechts auf Kapitalbasis. Sie erhält mit dem Eintrag ins Handelsregister Rechtsfähigkeit. Für die Schulden einer AG haftet das Grundkapital, das in Aktien aufgeteilt wird. Die Organe der AG sind der Vorstand, der Aufsichtsrat und die Hauptversammlung.

Alkoholverbot für Jugendliche

Zugrunde liegt das Gesetz zum Schutz der Jugendlichen in der Öffentlichkeit. Es besagt, daß Kindern und Jugendlichen in Gaststätten und anderen Verkaufsstellen kein Branntwein verabreicht werden darf. Andere alkoholische Getränke dürfen an Kinder überhaupt nicht und an Jugendliche unter 16 Jahren nur in Gegenwart eines Erwachsenen ausgeschenkt werden. Das Anbieten alkoholischer Getränke in öffentlich zugänglichen Automaten ist verboten. Ausnahme: Der Automat steht in gewerblichen Räumlichkeiten und ist gegen die Benutzung durch Jugendliche gesichert.

Allgemeine Geschäftsbedingungen (AGB)

Das sind vorformulierte Vertragsbedingungen, die ein Vertragspartner dem anderen bei Abschluß eines Vertrags stellt. Damit der Verbraucher jedoch durch das »Kleingedruckte« nicht ins Hintertreffen gerät (z. B. bei der Anschaffung eines Autos oder anderen größeren Investitionen), wird er durch das AGB-Gesetz von 1976 geschützt – allerdings nur dann, wenn es sich tatsächlich um AGB handelt, nicht jedoch, wenn die Bedingungen im einzelnen ausgehandelt wurden.

Altersrente

Anspruch auf die Regelaltersrente bestand bisher ab dem 65. Lebensjahr; Frauen konnten ihre Altersrente schon ab sechzig Jahren beziehen. Dies galt jeweils für die Situation, daß die Wartezeit von mindestens 15 Jahren erfüllt wurde (bei Frauen werden zu diesen Pflichtzeiten übrigens auch Kindererziehungszeiten hinzugerechnet). Nach Gesetz vom September 1996 wird die stufenweise Anhebung des Regelrentenalters, die ursprünglich für das Jahr 2001 vorgesehen war, auf das Jahr 1997 vorgezogen. Das heißt für Sie als Arbeitnehmer: Sie müssen auf jeden Fall, ganz gleich, ob Sie Mann oder Frau sind, bis zum 65. Lebensjahr arbeiten. Wenn Sie Ihren Ruhestand ab sechzig oder 63 Jahren genießen wollen, müssen Sie einen Abzug von 3,6 % jährlich hinnehmen – so lange, bis Ihr Rentenalter von 65 Jahren erreicht ist.

Amnestie

Von Amnestie spricht man, wenn der Staat rechtskräftig verhängte Strafen, die noch nicht oder noch nicht ganz vollstreckt wurden, zurücknimmt. Sämtliche Rechtsfolgen der Straftat werden dadurch für den Täter beseitigt. Solche Rechtsfolgen sind z. B. der Verlust der bürgerlichen Ehrenrechte.

Amtsgeheimnis

Das Amts- oder auch Dienstgeheimnis ist zu wahren, wenn die Geheimhaltung durch Gesetz oder dienstliche Anordnung vorgeschrieben ist. Beamte etwa sind zur Verschwiegenheit verpflichtet und dürfen ohne Genehmigung des Vorgesetzten in keinem Fall über dienstliche Angelegenheiten Auskunft geben. Vor Gericht darf die Genehmigung einer Zeugenaussage jedoch nur dann versagt werden, wenn durch diese Aussage dem Wohl des Bundes oder eines Landes geschadet oder wenn die Erfüllung öffentlicher Aufgaben beeinträchtigt werden würde.

Amtsgericht

Das Amtsgericht ist die unterste Stufe der Gerichtsbarkeit. Es ist zuständig für Streitfälle mit einem Streitwert bis zu 6000 Mark. Die Urteile des Amtsgerichtes, dem ein Einzelrichter oder ein Rechtspfleger vorsitzt, sind durch Berufung zum Landgericht anfechtbar.

Amtshilfe

Von Amtshilfe spricht man, wenn eine Behörde eine andere um Mithilfe bei einer Amtshandlung bittet. Das kann der Fall sein, wenn etwa die Polizei eines bestimmten Bundeslandes eine Handlung aus rechtlichen oder anderen Gründen nicht selbst vornehmen kann oder wenn sie Daten, Urkunden oder sonstige Beweismittel benötigt, über die sie selbst nicht verfügt. Amtshilfe kann allerdings von der ersuchten Behörde verweigert werden, wenn dadurch dem Bund oder einem Land Schaden zugefügt werden könnte. Auch Vorgänge, die der Geheimhaltung unterliegen, sind von der Amtshilfe ausgeschlossen.

Anfechtung

Urteile können angefochten werden, wenn begründeter Verdacht auf Irrtum, Täuschung oder Drohung besteht. Eine erfolgreiche Anfechtung bewirkt, daß die Beweisaufnahme von neuem beginnen muß.

Angehörige

Dieser Begriff ist bisher nicht einheitlich geregelt. Jedenfalls zählen zu den Angehörigen nicht nur die durch Ehe und Verwandtschaft zu einem Kreis miteinander verbundenen Personen. Im Strafrecht gehören dazu nach § 11 StGB auch Verlobte sowie Pflegeeltern und Pflegekinder.

Angestellte

Arbeitnehmer, die im Unterschied zu Arbeitern überwiegend geistige Arbeit leisten, also z. B. auf kaufmännischem Gebiet oder im Büro tätig sind, nennt der Gesetzgeber Angestellte.

Annahme der Erbschaft

Sie ist keine Voraussetzung im Falle einer Erbschaft, sondern eine formlose Willenserklärung. Hierbei ist Voraussetzung, daß der Erbe geschäftsfähig ist. Diese Willenserklärung ist zwar unwiderruflich; ist jedoch ein Grund vorhanden, dás Erbe auszuschlagen, kann die Erklärung wegen Irrtums innerhalb von sechs Wochen, nachdem man Kenntnis vom Grund der Ausschlagung erhalten hat, angefochten werden.

Ansichtssendung

Man kann sich eine Sache, die man käuflich erwerben will, zur Ansicht zusenden lassen. Hierbei kommt ein »bedingter Kaufvertrag« zustande. Nach Absprache mit dem Versender muß man sich nach einer bestimmten Frist entscheiden, ob man kaufen will oder nicht. Während dieser Zeit ist die sorgfältige Behandlung der Ware Pflicht. Meldet man sich nach Ablauf dieser Frist nicht beim Versender, gilt die Sache als endgültig gekauft. Bei Nichtgefallen ist die Ware auf eigene Kosten zurückzuschicken.

Anspruch

Dieser Begriff bedeutet, daß Sie von einem anderen eine Handlung oder die Unterlassung einer Handlung verlangen können. Diesen Anspruch können Sie auch durch eine Klage durchsetzen.

Anstiftung

Von Anstiftung zu einer Straftat spricht man immer dann, wenn jemand vorsätzlich einen anderen dazu auffordert, eine strafbare Handlung vorzunehmen. Der Anstifter gilt auch als Mittäter und kann wie dieser bestraft werden.

Antrag

Privatrechtlich bedeutet eine Antragstellung, daß eine Partei der anderen den Abschluß eines Vertrags anbietet. Im Verwaltungsrecht versucht man durch einen Antrag bei einer Behörde einen »begünstigenden Verwaltungsakt« herbeizuführen: Wenn Sie z. B. ein Haus bauen wollen, soll Ihr Bauantrag einen solchen Verwaltungsakt in Gang setzen. Im Prozeßrecht dagegen soll durch den Antrag eines Prozeßbeteiligten das Gericht aufgefordert werden, eine Entscheidung zu treffen.

Anzeigepflicht

Das ist die Informationspflicht gegenüber einer Behörde, z. B. wenn man ein Gewerbe aufnimmt oder ein schon bestehendes erweitern will (etwa durch Zweigniederlassungen). Im Steuerrecht besteht Anzeigepflicht gegenüber dem Finanzamt, im Arbeitsrecht gegenüber dem Arbeitsamt bei geplanten Massenentlassungen. Als Privatperson sind Sie jedoch nicht verpflichtet, Straftaten zur Anzeige zu bringen – mit einer Ausnahme: Geplante Straftaten, von denen Sie erfahren, müssen Sie anzeigen. Tun Sie dies nicht, machen Sie sich strafbar.

Arbeiter

Arbeiter sind Arbeitnehmer, die vorwiegend körperliche Arbeit verrichten. Die rechtliche Lücke zwischen Arbeitern und Angestellten (Kündigungsfristen etc.) wird immer kleiner, da sich die Formen der Tätigkeiten mehr und mehr angleichen.

Arbeitgeberanteil
Das ist der Anteil, den der Arbeitgeber an die Sozialversicherung (Kranken-, Arbeitslosen- und Rentenversicherung) zu zahlen hat.

Arbeitnehmer
Arbeitnehmer ist derjenige, der im Dienste eines anderen zur Arbeit verpflichtet ist. Grundlage ist ein privatrechtlicher Arbeitsvertrag.

Arbeitnehmeranteil
Das ist der Anteil, den der Arbeitnehmer an die Sozialversicherung (Kranken-, Arbeitslosen- und Rentenversicherung) abzugeben hat.

Arbeitsgericht
Das Arbeitsgericht ist für alle Streitfälle zuständig, die sich aus einem Arbeitsverhältnis ergeben können.

Arbeitskampf
Tarifvertragsparteien haben unter bestimmten Voraussetzungen die Möglichkeit, Auseinandersetzungen mit den Mitteln des Arbeitskampfes zu regeln. Diese sind Streik und Boykott von der Arbeitnehmerseite sowie Aussperrung von der Arbeitgeberseite.

Arbeitslosengeld
Wer ohne Arbeit, aber arbeitsfähig und -willig ist und sich beim Arbeitsamt gemeldet hat, kann Arbeitslosengeld beantragen. Man darf nicht über 65 Jahre alt sein und muß innerhalb der letzten drei Jahre mindestens 360 Tage versicherungspflichtig gewesen sein.

Arbeitslosenhilfe
Bedürftige Arbeitslose, die wegen Überschreitung der Bezugsdauer keinen Anspruch auf Arbeitslosengeld mehr

haben, können Arbeitslosenhilfe beantragen. Sie müssen jedoch in den letzten zwölf Monaten entweder Arbeitslosengeld bezogen oder mehr als 150 Kalendertage in entlohnter Beschäftigung gestanden haben.

Arbeitslosenversicherung

Die Arbeitslosenversicherung ist Teil der Sozialversicherung. Diverse Leistungen (z. B. Kurzarbeitergeld, Schlechtwettergeld, Arbeitslosengeld usw.) werden aufgrund von Beitragszahlungen gewährt.

Arbeitsplatzschutz

Wird ein Arbeitnehmer zum Wehrdienst eingezogen, genießt er für die Dauer seiner Einberufung Arbeitsplatzschutz, d. h. sein Arbeitsplatz bleibt erhalten, das Arbeitsverhältnis ruht lediglich.

Arbeitsplatzteilung

Darunter versteht man die Besetzung eines Arbeitsplatzes durch zwei oder mehr Arbeitnehmer – auch Job-Sharing genannt. Fällt einer dieser Arbeitnehmer aus, müssen die anderen ihn nicht vertreten. Auch kann der Arbeitgeber in diesem Fall nicht von seinem Kündigungsrecht Gebrauch machen.

Arbeitsrecht

Das ist das Recht der Arbeitnehmer, also der unselbständig Arbeitenden. Es regelt alle rechtlichen Beziehungen des Arbeitnehmers zum Arbeitgeber und zum Staat sowie die rechtliche Stellung und Beziehung der Gewerkschaften zu den Arbeitgeberverbänden. Das Arbeitsrecht setzt sich aus mehreren Gesetzeswerken zusammen: Betriebsverfassungsgesetz, Jugendarbeitsschutzgesetz, Arbeitsförderungsgesetz, Tarifverträgen, Bürgerlichem Gesetzbuch und vielen anderen mehr.

Arbeitsunfall

Von einem Arbeitsunfall spricht man, wenn ein Versicherter bei der Ausübung seines Berufes, auf dem kürzesten Weg von oder zur Arbeit, zur Bank, Polizei oder zum Arzt einen Unfall erleidet. Auch Berufskrankheiten zählen zu den Arbeitsunfällen.

Arbeitsverhältnis

Ein Arbeitsverhältnis wird durch den Arbeitsvertrag rechtsgültig und durch diesen geregelt. Der Arbeitnehmer ist dadurch zur Arbeitsleistung und der Arbeitgeber zur Zahlung des Arbeitsentgelts verpflichtet. Das Arbeitsverhältnis endet entweder durch Zeitablauf (sofern es befristet ist) oder aber durch Kündigung, Aufhebungsvertrag oder Tod des Arbeitnehmers.

Arbeitsvertrag

Ein Arbeitnehmer verpflichtet sich mit seiner Unterschrift unter einen Arbeitsvertrag, für seinen Arbeitgeber eine Arbeit zu leisten. Dieser wiederum ist mit seiner Unterschrift zur Zahlung eines Arbeitsentgelts verpflichtet. Der Arbeitsvertrag ist grundsätzlich formfrei. Sie sollten jedoch genau auf bestimmte Inhalte (Urlaubsregelung, Lohnfortzahlung im Krankheitsfall etc.) achten und sich nötigenfalls bei der Gewerkschaft beraten lassen.

Arbeitszeit

Unter Arbeitszeit versteht man die Zeit, die man von Beginn bis zum Ende der täglichen Arbeit verbringt. Ruhepausen sind hierbei nicht berücksichtigt. Der Arbeitgeber kann Beginn und Ende festlegen, muß aber das Mitbestimmungsrecht des Betriebsrats beachten.

Asylrecht

Das Asylrecht gilt für politisch verfolgte Ausländer. Ist ein Asylantrag angenommen worden, darf der Betroffene nicht ausgeliefert werden – auch nicht auf Antrag des jeweiligen Landes – und erhält eine Aufenthaltserlaubnis, die allerdings keine Arbeitserlaubnis einschließt. Wird der Antrag abgelehnt, wird dem Asylanten eine zweiwöchige Frist bis zur Ausreise eingeräumt. Folgt er der Aufforderung nicht, droht Abschiebung.

Aufenthalt, gewöhnlicher
Damit bezeichnet man den Ort, an dem sich eine Person nicht nur vorübergehend aufhält, ohne jedoch einen festen Wohnsitz zu gründen.

Aufgebot
Das ist die öffentliche Aufforderung des Gerichts, Rechte anzumelden (beispielsweise Ansprüche von Gläubigern bei einem Todesfall). Es wird eine Frist festgesetzt, nach deren Ablauf diese Rechte verfallen. Unter Aufgebot versteht man auch die Bekanntmachung einer beabsichtigten Eheschließung.

Aufklärungspflicht des Arztes
Vor Operationen benötigt der Arzt die Einwilligung seines Patienten. Diese ist aber nur dann wirksam, wenn der Arzt seiner Aufklärungspflicht nachgekommen ist und den Patienten über mögliche Gefahren und Folgen des Eingriffs informiert hat.

Aufrechnung
Darunter versteht man die Möglichkeit, gegenseitige Forderungen, die noch nicht abgegolten sind, aufzurechnen und somit zu tilgen. Diese Forderungen müssen zwar gleicher Natur sein, jedoch nicht in einem rechtlichen Zusammenhang stehen.

Aufsichtspflicht
Sie besteht gegenüber Minderjährigen (durch Eltern oder Vormund) und solchen Personen, die aufgrund ihres geisti-

gen oder körperlichen Zustands nicht in der Lage sind, eigenständig zu handeln. Die Aufsichtsperson ist für alle von diesen verursachten Schäden verantwortlich. Ausnahme: Die Aufsichtsperson kann nachweisen, daß sie ihre Pflichten nicht verletzt hat.

Auftrag

Als Auftrag bezeichnet man einen formlosen Vertrag, der nicht schriftlich festgehalten werden muß. Der Beauftragte verpflichtet sich, ein ihm übertragenes Geschäft für den Auftraggeber unentgeltlich zu besorgen.

Aufwandsentschädigung

Das ist eine Vergütung für Ausgaben, die während der Berufsausübung entstehen und nicht durch das vertraglich vereinbarte Entgelt (also Lohn oder Gehalt) abgegolten sind. Dazu gehören z. B. Reisekosten, Umzugskosten, Werkzeuggeld, Berufskleidung, Kosten für die Fahrt zur Arbeit usw.

Ausbildungsförderung

Die Ausbildungsförderung wird durch das Bundesausbildungsförderungsgesetz (BAföG) geregelt. Einen Rechtsanspruch auf Förderung (z. B. zum Besuch von Hochschulen, Abendschulen, sonstigen weiterführenden Schulen etc.) hat derjenige, der für seinen Lebensunterhalt und seine Ausbildung über keine anderen Mittel verfügt.

Ausbildungsvertrag

Mit dem Ausbildungsvertrag wird ein Berufsausbildungsverhältnis begründet. Folgende Angaben müssen darin enthalten sein: Art, Beginn und Dauer der Ausbildung, Höhe der Vergütung, Urlaubsanspruch, Dauer der täglichen Ausbildungszeit und der Probezeit, Maßnahmen außerhalb der Ausbildungsstätten und Kündigungsvoraussetzungen.

Auskunftspflicht

Behörden sind verpflichtet, die Beteiligten in einem Verwaltungsvorgang über ihre Rechte und Pflichten aufzuklären. Die wohl bekannteste Auskunftspflicht im öffentlichen Recht ist die von Privatpersonen gegenüber dem Finanzamt.

Auskunftsverweigerungsrecht

Würde ein Zeuge durch eine wahrheitsgemäße Aussage in einem Strafprozeß sich oder einen Angehörigen belasten, kann er von diesem Recht Gebrauch machen und die Auskunft verweigern.

Ausländerrecht

So nennt man die Zusammenfassung sämtlicher Rechtsnormen, die Einreise, Aufenthalt und berufliche Tätigkeit von Ausländern regeln.

Auslieferung

Als Auslieferung bezeichnet man die Überführung eines Menschen in die Obhut fremder, sprich ausländischer, Hoheitsgewalt. Laut Grundgesetz darf kein Deutscher an das Ausland ausgeliefert werden. Dies beinhaltet den Schutz nicht nur vor Strafverfolgung, sondern auch vor jeglicher Überstellung an das Ausland (z. B. zur Zeugenvernehmung durch ausländische Gerichte).

Außerordentliche Kündigung

Sie ist jederzeit ohne Fristeinhaltung möglich, wenn triftige Gründe vorliegen. Wenn Sie z. B. Ihren Chef ohrfeigen, ist einem der beiden Vertragspartner (in diesem Fall Ihrem Chef) eine weitere Vertragserfüllung nicht mehr zuzumuten.

Aussiedler

Als Aussiedler gilt derjenige deutsche Staatsangehörige, der sein Herkunftsland wegen der Spätfolgen des Zweiten Weltkriegs (z. B. Vertreibung aus den ehemaligen »deutschen Ostgebieten«) verlassen mußte.

Aussperrung

Bei einer Aussperrung hebt der Arbeitgeber das Arbeitsverhältnis während eines Streiks auf. Dies bedeutet jedoch keine Kündigung. Auch die Mitgliedschaft in Krankenkassen und in der Sozialversicherung bleibt bestehen. Nach Ende des Streiks wird das Arbeitsverhältnis wieder aufgenommen.

Auswärtige Angelegenheiten

So heißen die Beziehungen der Bundesrepublik Deutschland zu ausländischen Staaten und zu internationalen Organisationen.

Auswanderung

Von Auswanderung spricht man, wenn jemand einen Staat verläßt (und somit die bisherige Staatsangehörigkeit aufgibt) mit dem Ziel, in einen anderen Staat zu ziehen (und eine neue Staatsangehörigkeit annimmt).

B

Babyjahr
So heißt im allgemeinen Sprachgebrauch die 1986 eingeführte Anrechnung eines Kindererziehungsjahres in der Rentenversicherung. Seit dem 1. Januar 1992 werden bis zu drei Jahre als »Babyjahre« angerechnet.

Bankgeheimnis
Laut Vertrag mit ihren Kunden ist es Kreditinstituten untersagt, den Inhalt der Beziehungen zu Kontoinhabern an Dritte weiterzugeben. Eine Auskunftspflicht besteht nur gegenüber dem Bundesaufsichtsamt für Kreditwesen, den Finanzämtern und bei Strafverfolgung.

Bankrott
Dieser Begriff bedeutet, daß ein Schuldner gegenüber seinen Gläubigern zahlungsunfähig ist und somit seine Schulden nicht mehr begleichen kann. Wird ein Konkursverfahren eröffnet, kann sich der Schuldner wegen seines Bankrotts auch strafbar machen.

Bedingung
Unter einer Bedingung versteht man im rechtlichen Sinne ein Ereignis, das in der Zukunft eintreten könnte und dessen Ausgang ungewiß ist. Die Wirkung eines Rechtsgeschäftes kann davon abhängig gemacht werden (z. B. ein Anstellungsvertrag unter der Bedingung, daß der Bewerber ein bestimmtes Examen besteht).

Beerdigungskosten
Die Kosten, die durch die Bestattung eines Verstorbenen entstehen, trägt stets der Erbe.

Beglaubigung
Wird z. B. ein Verein gegründet, muß die dazu erforderliche Erklärung für das Vereins- und Handelsregister schriftlich abgefaßt werden. Für die Beglaubigung muß die Unterschrift des Erklärenden von einem Notar als echt bezeugt werden. Abschriften (Kopien) von Urkunden werden durch eine amtliche Beglaubigung als mit dem Original übereinstimmend bestätigt.

Behörde
Eine Behörde ist eine Organisation, die unter staatlicher Autorität für das Erreichen der Ziele und Zwecke des Staates tätig ist.

Beitragsbemessungsgrenze
Das ist der Bruttohöchstbetrag, bis zu dem die Sozialversicherung die Einkünfte zur Beitragsleistung belasten kann (z. B. bei der Krankenversicherung).

Beleidigung
Eine Beleidigung ist eine Äußerung, durch die die Ehre eines Menschen oder einer öffentlichen Einrichtung verletzt wird. Sie ist laut StGB strafbar. Wird die Beleidigung sofort erwidert, können die beiden Parteien, die Beleidigungen ausgesprochen haben, oder einer von ihnen straffrei bleiben. Das liegt, falls es deshalb zu einem Prozeß kommt, im Ermessen des Richters.

Beratungshilfe
Sie ist beim Amtsgericht zu beantragen. Dieses stellt einen Berechtigungsschein für eine Beratung und Vertretung durch einen Anwalt aus. Voraussetzung: Die persönlichen und wirtschaftlichen Verhältnisse des Antragstellers sind sehr gering (dies muß nachgewiesen werden).

Berliner Testament

In diesem Testament setzen sich Eheleute gegenseitig als Erben ein. Die Kinder erben erst dann, wenn auch der zweite Ehepartner verstorben ist. Nach dem Tod des ersten steht ihnen lediglich der Pflichtteil zu. Wird dieser zu diesem Zeitpunkt geltend gemacht, kann im Testament angeordnet werden, daß auch nach dem Tod des zweiten Elternteils an die Kinder nur der Pflichtteil gezahlt wird.

Berufsausbildung

Berufsausbildung im Betrieb bedeutet, daß der Auszubildende dort eine Ausbildung erhält und während dieser Phase eine Berufsschule besucht.

Berufsberatung

Sie ist heute noch fast ausschließlich der Bundesanstalt für Arbeit vorbehalten. Diese erteilt sowohl Jugendlichen als auch Erwachsenen Rat und Auskunft in sämtlichen Fragen der Berufswahl und des beruflichen Weiterkommens.

Berufsfreiheit

Darunter ist laut Grundgesetz das Recht aller Deutschen zu verstehen, Ausbildungsstätte, Beruf und Arbeitsplatz frei zu wählen.

Berufsunfähigkeitsrente

Sinkt die Erwerbsfähigkeit eines Menschen durch Krankheit oder geistigen Verfall auf weniger als die Hälfte seiner vorherigen Fähigkeiten, so zahlt die Rentenversicherung eine monatliche Erwerbsunfähigkeitsrente.

Berufsverbot

Das ist das Verbot, einen bestimmten Beruf auszuüben. Es kann, befristet oder andauernd, vom Gericht ausgesprochen werden, wenn der Betroffene seine Berufspflichten schwerwiegend verletzt hat.

Berufung

Die Berufung ist ein Rechtsmittel, das gegen Urteile der ersten Instanz (also des Amtsgerichts) erhoben werden kann. Der Prozeß muß in diesem Fall ganz von vorne aufgerollt werden. Für die Möglichkeit zur Berufung muß allerdings eine bestimmte Streitwertgrenze überschritten sein. Beim Amtsgericht beträgt dieser Streitwert 6000 Mark.

Beschluß

Ein Beschluß ist eine Entscheidung des Gerichts, die in ihrer Bedeutung unter einem Urteil rangiert. Im Privatrecht kann der Beschluß z. B. die Willenserklärung eines Vereins sein (bei einer Mitgliederversammlung).

Besitz

Besitz ist die tatsächliche Gewalt einer Person über eine Sache – nicht zu verwechseln mit dem Eigentum, bei dem man unumschränktes Herrschaftsrecht hat. Ein Dieb z. B. erlangt zwar durch den Diebstahl Besitz, nicht jedoch Eigentum an einer Sache. Als Mieter einer Wohnung sind Sie deren Besitzer, nicht jedoch der Eigentümer. Das ist in diesem Fall Ihr Vermieter oder der Hausherr.

Bestechung

Von Bestechung spricht man, wenn jemand einer Amtsperson oder einem der Öffentlichkeit Verpflichteten einen Vorteil anbietet und dieser dadurch zu einer Verletzung der Dienstpflicht animiert wird. Beide machen sich strafbar, der Bestechende ebenso wie der Bestochene.

Betriebliche Altersversorgung

Durch eine vertragliche Vereinbarung mit dem Arbeitgeber können Arbeitnehmer und Auszubildende eine Betriebsrente oder Ruhegeld erhalten, wenn der Versorgungsfall, also das Rentenalter, eintritt.

Betriebsrat

Der Betriebsrat ist ein Organ, das von den Arbeitnehmern eines Betriebes gewählt wird. Er vertritt die Interessen der Arbeitnehmer im Zusammenwirken mit den im Betrieb vertretenen Gewerkschaften und Arbeitgebervereinigungen. Die Amtszeit dieses Gremiums beträgt vier Jahre. Die Zahl der Mitglieder eines Betriebsrates richtet sich nach der Größe des Betriebs. Einzelheiten dazu sind im Betriebsverfassungsgesetz (BetrVG) niedergelegt.

Betriebsvereinbarung

Die Betriebsvereinbarung ist ein schriftlicher Vertrag zwischen Betriebsrat und Arbeitgeber. Er kann die Rechte und Pflichten beider Parteien oder auch die Arbeitsverhältnisse der dem Betrieb angehörenden Arbeitnehmer regeln.

Betrug

Einen Betrug begeht, wer einen anderen bewußt täuscht mit der Absicht, sich selbst zu bereichern und dem anderen zu schaden. Bereits der Versuch eines Betrugs ist strafbar.

Bewährungshelfer

Wird das Urteil für einen Straftäter auf Bewährung ausgesetzt, kann das Gericht ihn unter die Leitung und Betreuung eines Bewährungshelfers stellen, wenn dies hilft, den Verurteilten von Straftaten abzuhalten. Der Bewährungshelfer steht dem Verurteilten bei der Erfüllung der auferlegten Weisungen zur Seite und unterrichtet das Gericht regelmäßig über seine Lebensführung.

Bildungsurlaub

Alle Arbeitnehmer haben Anspruch auf bezahlten Bildungsurlaub, wenn dieser zur politischen, beruflichen oder allgemeinen Weiterbildung dient. Geregelt wird dies meist durch den Tarifvertrag oder eine Betriebsvereinbarung. Von Staats wegen ist der Bildungsurlaub nicht in allen Bundesländern gesetzlich vorgesehen.

Boykott

Ziel eines Boykotts ist es, den Betroffenen zu einem bestimmten Verhalten zu zwingen, indem man ihm Waren oder Dienstleistungen vorenthält.

Briefkastenwerbung

Handzettel und Werbeprospekte in Briefkästen zum Zwecke der Kundenwerbung sind grundsätzlich rechtmäßig. Die Unternehmen sind durchaus befugt, auf diesem Weg über ihr Leistungsangebot zu informieren. Anders sieht das aus, wenn der potentielle Kunde auf seinem Briefkasten einen Aufkleber mit der Aufschrift »Keine Werbung« o. ä. angebracht hat. In diesem Fall muß das werbende Unternehmen den Wunsch des Haus- oder Wohnungseigentümers bzw. des Mieters respektieren.

Brief-, Post- und Fernmeldegeheimnis

Laut Grundgesetz ist das Brief-, Post- und Fernmeldegeheimnis unverletzlich. Aus Gründen des Staatsschutzes jedoch ist es von Fall zu Fall den Verfassungsschutzbehörden, dem Sicherheitsamt der Bundeswehr und dem Bundesnachrichtendienst erlaubt, den Postverkehr und Telefongespräche zu überwachen. Es muß aber ein begründeter Verdacht bestehen, daß ein Verbrechen geplant ist, durch das der Staat und seine Sicherheit bedroht sind.

Bürgschaft

Bei einer Bürgschaft verpflichtet sich der Bürge, für die Erfüllung der Verbindlichkeiten eines Schuldners gegenüber dem Gläubiger einzustehen. Banken verlangen z. B. oft eine Bürgschaft, wenn sie ein höheres Darlehen vergeben sollen. Ein Bürge steht dann für die gesamte Summe sowie für alle aufgelaufenen Kosten gerade, wenn der Schuldner das

Darlehen nicht zurückzahlt oder auch nur mit den einzelnen Raten in Verzug gerät.

Bundesverfassungsgericht

Das Bundesverfassungsgericht hat seinen Sitz in Karlsruhe. Es ist ein selbständiger und unabhängiger Gerichtshof und eines der obersten Verfassungsorgane der Bundesrepublik Deutschland. Bedeutend ist vor allem seine Zuständigkeit in Fragen der Verfassungstreue.

C

Copyright

Dieser Begriff bedeutet »Vervielfältigungsrecht« und ist das Urheberrecht an einem veröffentlichten Werk. Mit dem Copyright-Vermerk erwirbt man Rechtsschutz gegen Verletzungen des Vervielfältigungs- und Verbreitungsrechts.

D

Darlehen

Das Darlehen ist ein schuldrechtlicher Vertrag. Wer von einem Darlehensgeber Geld oder, in seltenen Fällen, andere vertretbare Sachen als Darlehen erhalten hat, ist verpflichtet, das Empfangene in gleicher Art und Menge zurückzuerstatten, im Falle eines Gelddarlehens also einen Betrag in gleicher Höhe. In der Wirtschaft heißt das Darlehen Kredit, wofür ein Entgelt (Zinsen) ausgehandelt wird.

Datenschutz

Er dient dazu, den einzelnen vor Beeinträchtigung seines Persönlichkeitsrechts durch Weitergabe persönlicher Daten (Adresse, Telefonnummer etc.) zu bewahren.

Dauerschuldverhältnis

So nennt man eine schuldrechtliche Beziehung, in der keine einmaligen Leistungen geregelt sind, sondern über längere Zeit andauernde oder ständig wiederkehrende (z. B. Mietvertrag, Arbeitsvertrag) Leistungen zu erbringen sind.

Devisen

Devisen sind im Ausland auszuzahlende Wechsel, Schecks sowie Ansprüche auf Zahlung in fremder Währung an ausländischen Orten. Unter dem Begriff »Devisen« versteht man auch die fremde Währung selbst.

Diebstahl

Einen Diebstahl begeht derjenige, der einem anderen eine bewegliche Sache wegnimmt, die nicht sein Eigentum ist, in der Absicht, sie sich rechtswidrig anzueignen. Auch der Versuch ist strafbar.

Dienst nach Vorschrift

Bei dieser Form des Streiks, auch »Bummelstreik« genannt, befolgt der Arbeitnehmer die Vorschriften des Betriebes übergenau und kann dadurch den Arbeitsablauf erheblich beeinträchtigen (z. B. Einstellen der Arbeit sekundengenau bei Erreichen der Feierabendzeit).

Diskriminierungsverbot

siehe Gleichberechtigung

Doppelte Haushaltsführung

Ein Steuerpflichtiger, der an zwei verschiedenen Orten lebt und arbeitet, kann die Kosten für einen zweiten Haushalt als Werbungskosten absetzen. Voraussetzung ist, daß die beiden Orte so weit auseinander liegen, daß er nicht jeden Tag nach Hause fahren kann.

Drohung

Zwingt eine Person eine andere zu einer bestimmten Handlung, indem sie ihr körperliches und/oder seelisches Übel in Aussicht stellt, wenn die andere sich weigert, die Handlung auszuführen, so spricht man von einer Drohung (z. B. Erpressung, Nötigung, Zufügung körperlicher Schäden).

E

Ehe

Die Ehe ist eine rechtlich anerkannte Gemeinschaft von Mann und Frau, die vor dem Standesbeamten im Prinzip auf Lebenszeit eingegangen wird. Aus ihr resultieren Unterhaltspflichten, Mitbesitz und Erbrecht. Als Ehename (der gemeinsame Nachname nach der Eheschließung) kann der Nachname von einem der beiden Eheschließenden frei gewählt werden.

Eheähnliche Gemeinschaft

Hierunter versteht man das auf Dauer angelegte Zusammenleben von Mann und Frau ohne die gesetzliche Grundlage der Ehe. Die eheähnliche Gemeinschaft ist bisher noch nicht gesetzlich geregelt, mit Ausnahme kleinerer Passagen im Sozialrecht. Durch sie entstehen keine Unterhaltsansprüche und kein Anspruch auf Witwenrente. Allerdings kann gemeinsames Eigentum gebildet werden. Gemeinsame Kinder gelten als nichtehelich.

Ehebruch

Das ist ein anderes Wort für »Fremdgehen« und dann gegeben, wenn ein verheirateter Ehepartner mit einer anderen Person Geschlechtsverkehr ausübt. Der Ehebruch ist nicht strafbar. Auch ist er vor Gericht kein primärer Scheidungsgrund mehr.

Ehefähigkeit

Grundvoraussetzung für die Fähigkeit, eine Ehe zu schließen, ist die Volljährigkeit. Bei Minderjährigen kann das Vormundschaftsgericht jedoch eine Ausnahme machen, wenn der Antragsteller das 16. Lebensjahr vollendet hat und der zukünftige Ehepartner volljährig ist. Eine weitere Voraussetzung für die Ehefähigkeit ist die Geschäftsfähigkeit.

Eheliches Kind

Ein Kind gilt rechtlich als ehelich, wenn es während der Ehe oder innerhalb von 302 Tagen nach einer Scheidung geboren ist. Es erhält den Namen seiner Eltern und untersteht der Sorge beider Elternteile. Bei einer Scheidung innerhalb der 302-Tage-Frist muß also der leibliche Kindsvater (wenn er nicht der geschiedene Ehemann ist) das Kind adoptieren. Dies kann selbstverständlich nur mit Zustimmung des »gesetzlichen Vaters« (also des geschiedenen Ehemannes) geschehen.

Ehescheidung

Eine Ehe kann durch das Familiengericht geschieden werden, wenn die Ehepartner nicht mehr zusammenleben und ein gemeinsames Leben auch nicht mehr zu erwarten ist. Derjenige, der die Scheidung einreicht, muß das Scheitern der Ehe nachweisen. Sind sich die Ehegatten über eine Scheidung einig, kann die Ehe nach einem Trennungsjahr aufgelöst werden. Besteht keine Einigkeit, kann die Ehe nach Ablauf von drei Trennungsjahren geschieden werden.

Ehevertrag

Sowohl Ehegatten als auch Verlobte können mittels eines Ehevertrages festlegen, welche Güter wem von beiden gehören und wie die finanziellen Verhältnisse verteilt sind. Der Abschluß eines Ehevertrages erfolgt vor dem Notar. Dazu müssen beide Vertragspartner anwesend sein.

Ehrenamt

Der Inhaber eines Ehrenamtes stellt sich neben seinem bürgerlichen Beruf unentgeltlich für dieses öffentliche Amt zur Verfügung. Er bekommt lediglich seine Ausgaben und den

Verdienstausfall erstattet. Z. B. hat ein Ehrenamt inne, wer als Wahlhelfer tätig ist oder als Schöffe bei Gericht arbeitet.

Eid

Ein Eid ist das feierliche Gelöbnis, alles zu tun, um der Wahrheit zu dienen oder ein Versprechen einzulösen. Je nach Fall kann es notwendig sein, daß ein Zeuge oder Sachverständiger vor Gericht einen Eid ablegt. Die eidesstattliche Versicherung dient dazu, eine Behauptung vor einem Gericht oder einer Behörde glaubhaft zu machen. Sie ist aber von geringerem Gewicht als der Eid selbst.

Eigentum

Das Eigentum ist das umfassende Herrschaftsrecht über eine Sache. Laut BGB ist der Eigentümer befugt, mit dieser Sache nach seinem Belieben zu verfahren. Jede Einwirkung von außen darf ausgeschlossen werden. Das Allgemeinwohl muß dabei allerdings beachtet und darf nicht beeinträchtigt werden.

Einbenennung

Normalerweise tragen nichteheliche Kinder den Familiennamen der Mutter. Mit Einwilligung des Kindes und der Mutter können der Erzeuger bzw. die Mutter und ihr Ehemann durch eine beglaubigte Erklärung gegenüber dem Standesbeamten dem Kind ihren gemeinsamen Namen geben. Die Einbenennung ist jedoch keine Vaterschaftsanerkenntnis.

Einbürgerung

Darunter versteht man den Erwerb einer Staatsangehörigkeit durch einen staatlichen Hoheitsakt. Ein Ausländer kann eingebürgert werden, wenn er geschäftsfähig ist und einen unbescholtenen Lebenswandel nachweisen kann. Außerdem muß er über eine gesicherte Existenzgrundlage verfügen.

Einkommen

Das Einkommen ist die Summe aller Einkünfte einer Person, vermindert um die Sonderausgaben und die außergewöhnlichen Belastungen.

Einkommensteuerpflicht

Das ist die Pflicht zur Abgabe einer Einkommensteuererklärung. Eine Veranlagung zu dieser Steuer erfolgt durch das Finanzamt. Ist die Lohnsteuer bereits bezahlt, wird sie angerechnet.

Einnahmen

Unter Einnahmen versteht man alles, was einem Steuerpflichtigen an überschüssigen Geldwerten zufließen kann: Entgelte aus nichtselbständiger Arbeit, Gewinne aus Kapitalvermögen, aus Vermietung bzw. Verpachtung, aus Spekulationsgeschäften.

Einspruch

Mit einem Einspruch kann man vor Gericht eine Entscheidung anfechten und diese überprüfen lassen. Im Strafprozeß kann der Beschuldigte innerhalb von zwei Wochen schriftlich Einspruch gegen den Strafbefehl einlegen.

Einstweilige Verfügung

Ein Gericht ordnet eine einstweilige Verfügung an, wenn dadurch bei einem strittigen Rechtsverhältnis vorübergehend der Friedenszustand eintritt. Auch soll damit die Durchsetzung eines Anspruchs (der nicht auf Geld gerichtet ist) gesichert werden. Der Anspruch muß nicht bewiesen, sondern nur glaubhaft gemacht werden.

Einzugsermächtigung

Die Einzugsermächtigung ist eine Form des bargeldlosen Zahlungsverkehrs. Ein Schuldner kann seinen Gläubiger mittels eines schriftlichen Auftrags dazu ermächtigen, die von ihm geschuldete Summe von seinem Konto abzubuchen. Das ist immer dann der Fall, wenn Sie einer Firma gestatten, die fälligen Beträge von Ihrem Konto abzubuchen.

Elterliche Sorge

Dieser Begriff umschreibt Rechte und Pflichten der Eltern gegenüber ihrem minderjährigen Kind. Die Eltern sind dessen gesetzliche Vertreter. Sie sind verpflichtet, sich um die persönlichen und finanziellen Belange ihres Kindes zu kümmern, und müssen dabei seine zunehmende Selbständigkeit berücksichtigen. Für unsachgemäße Interessenwahrung haften die Eltern dem Kind.

Elternrecht

Das Grundgesetz gewährleistet das natürliche Recht der Eltern, für ihre Kinder zu sorgen und sie zu erziehen. Kinder dürfen nur dann von den Eltern getrennt werden, wenn die Eltern selbst bei der Ausübung ihrer Pflichten versagen oder die Kinder aus anderen Gründen zu verwahrlosen drohen.

Erbbaurecht

Das ist ein vererbliches Recht, das besagt, daß man für eine bestimmte Zeit auf oder unter fremdem Grund und Boden ein Bauwerk haben darf. Solange dieses Recht besteht, ist der Erbbauberechtigte auch Eigentümer des Bauwerks. Erlischt es (nach Ablauf einer vorher festgelegten Frist oder durch Vertragsaufhebung), geht das Eigentum an dem Bauwerk automatisch an den Grundstückseigentümer über.

Erbbiologisches Gutachten

Mit dem erbbiologischen Gutachten stellt man die Abstammung einer Person von einer anderen fest. Dies geschieht durch eine Blutgruppenuntersuchung, durch erbkundliche Untersuchungen und durch einen Wirbelsäulenvergleich. Der Beteiligte ist verpflichtet, die Untersuchungen über sich ergehen zu lassen. Stimmt er dem nicht zu, kann er gerichtlich aufgefordert und zwangsweise vorgeführt werden.

Erbe

Zum Erben wird man aufgrund des Letzten Willens eines Verstorbenen oder kraft Gesetz (Pflichtteil). Wird das Erbe angenommen, geht das gesamte Vermögen des Verblichenen unmittelbar auf die Erben über. Auch etwaige Verpflichtungen (z. B. Schulden) vererben sich. Der Erbe muß diese dann einlösen.

Erbfolge

Liegt nach dem Tod eines Verwandten kein Testament vor, erben zunächst die Kinder und Enkel des Verstorbenen nach Stämmen zu gleichen Teilen. Sind keine Kinder vorhanden, erben die Eltern. Sind auch die nicht mehr am Leben, erben die Geschwister des Verstorbenen und ihre Kinder zu gleichen Teilen. Danach kommen die Großeltern, Onkel und Tanten des Erblassers an die Reihe, ersatzweise deren Kinder zu gleichen Teilen.

Erbschaftssteuer

Das Erbschaftssteuerrecht besagt, daß das gesamte Vermögen des Verstorbenen steuerpflichtig ist, sofern er seinen Wohnsitz in der Bundesrepublik Deutschland hatte. Wenn nicht, fallen lediglich das Inlandsvermögen oder Nutzungsrechte daran unter diese Regelung. Die Erbschaftssteuer ist seit 1. Januar 1997 neu geregelt: Der sogenannte Einheitswert, nach dem bis dato der Wert von vererbten Immobilien berechnet wurde, fällt weg.

Erbschein

Der Erbschein ist die schriftliche Bestätigung des Nachlaßgerichtes über die quotenmäßige Beteiligung am Nachlaß.

Erfüllungsort

Hierunter versteht man den Ort, an dem eine vertraglich festgesetzte Leistung zu erfolgen hat. Er kann durch Absprache beider Parteien oder durch eine stillschweigende Vereinbarung festgelegt werden. Der Schuldner ist verpflichtet, seine Leistung am Erfüllungsort zu erbringen.

Erlaubnis

Die Erlaubnis, behördlich oft auch Genehmigung genannt, ist ein Verwaltungsvorgang, bei dem eine Behörde eine bestimmte Tätigkeit des um Erlaubnis Bittenden für rechtmäßig erklärt (z. B. Bauerlaubnis).

Erpressung

Erpressung begeht, wer einen anderen unter Androhung von Gewalt oder eines anderen empfindlichen Übels dazu zwingt, eine rechtswidrige Handlung zu begehen, mit dem Ziel, sich zu bereichern und dem Vermögen des anderen oder eines Dritten Schaden zuzufügen.

Erregung öffentlichen Ärgernisses

Sie ist dann gegeben, wenn jemand in der Öffentlichkeit sexuelle Handlungen vornimmt und daran wenigstens ein Beobachter Anstoß genommen hat.

Ersatzzeiten

Mit diesem Begriff aus der Rentenversicherung werden Zeiten bezeichnet, die für die Rentenberechnung auch ohne Beitragsleistungen angerechnet werden: Militärdienst, Kriegsgefangenschaft, Freiheitsentzug, Kindererziehung (siehe Babyjahr), Arbeitslosigkeit.

Erwachsener

Bei den staatsbürgerlichen Rechten und Pflichten gilt man schon ab 18 Jahren als Erwachsener: Man darf z. B. wählen und ist voll geschäftsfähig. Ein Erwachsener ist laut Jugendstrafrecht ein Mensch, der sein 21. Lebensjahr vollendet hat.

Erziehungsurlaub

Wenn Kinder 1992 oder später geboren wurden, kann die Mutter oder der Vater drei Jahre Erziehungsurlaub nehmen. Während dieser Zeit besteht Kündigungsschutz. Eine Teilzeitarbeit ist möglich.

Europäischer Binnenmarkt

Seit dem 1. Januar 1993 bestehen für die zwölf Staaten der EG in bezug auf Waren-, Dienstleistungs- und Kapitalverkehr keine Grenzen mehr. Dadurch sowie durch den Wegfall von Kontrollen und die vereinbarte Einführung der gemeinsamen Währung ist Europa auf dem Weg zu einer Wirtschafts- und Währungsunion.

F

Fahndung

Hierunter versteht man einen Vorgang, der zum Ziel hat, den Aufenthaltsort eines (mutmaßlichen) Straftäters oder wichtiger Zeugen zu ermitteln. Sind Täter und/oder Aufenthaltsorte unbekannt, so veranlaßt die Staatsanwaltschaft die notwendigen Fahndungsmaßnahmen.

Fahrerflucht

Wenn sich ein Unfallbeteiligter unerlaubt von der Unfallstelle entfernt, spricht man von Fahrerflucht. Unerlaubt ist diese Handlung dann, wenn der Flüchtige zuvor nicht eine angemessene Zeit am Unfallort gewartet hat, bis die Polizei eintrifft. Diese »angemessene Zeit« ist nicht klar festgelegt. Dennoch müssen Sie als Unfallbeteiligter in jedem Fall auch nach Verlassen des Unfallorts Angaben zu Ihrer Person, Ihrem Fahrzeug und der Art Ihrer Beteiligung am Unfall hinterlassen.

Fahrerlaubnis

Wenn Sie auf öffentlichen Straßen ein Kraftfahrzeug führen wollen, dessen Höchstgeschwindigkeit 6 km/h übertrifft, benötigen Sie eine Fahrerlaubnis von der Verwaltungsbehörde. Diese wird durch den Führerschein dokumentiert, den der Fahrer immer bei sich haben muß. Gerät man in eine Verkehrskontrolle und kann seine Fahrerlaubnis nicht vorweisen, wird ein Bußgeld fällig.

Fahrverbot

Ein Fahrverbot kann ausgesprochen werden, wenn jemand beim Führen eines Kraftfahrzeugs oder im Zusammenhang damit eine Straftat begangen hat (z. B. Trunkenheit am Steuer, Überschreitung der zulässigen Höchstgeschwindigkeit etc.). Solange ein Fahrverbot herrscht, bleibt der Führerschein eingezogen.

Familiengericht

Das Familiengericht ist eine Abteilung des Amtsgerichtes. Es ist zuständig für Streitfälle in Familiensachen, wie z. B. Ehescheidung, Unterhaltsforderungen, elterliche Sorge für gemeinsame Kinder etc.

Familienrecht

Das Familienrecht ist die Zusammenfassung aller Rechtsnormen, welche die rechtlichen Verhältnisse aus dem Bereich Ehe, Verwandtschaft oder Vormundschaft regeln.

Feiertage, Verkauf an

Gemäß Ladenschlußgesetz ist der Verkauf von Waren an Feiertagen verboten. Eine Ausnahme besteht z. B. für Apotheken, Tankstellen und Verkaufsstellen an Bahnhöfen und Flughäfen, seit der Änderung des Ladenschlußgesetzes auch für Bäcker (siehe auch Ladenschluß).

Festnahme

Grundsätzlich hat jedermann das Recht, eine Person, die er auf frischer Tat (Straftat) ertappt hat, festzunehmen, sofern die Gefahr der Flucht besteht oder die Personalien des Festgehaltenen nicht ermittelt werden können. Staatsanwaltschaft und Polizei sind auch dann zur vorläufigen Festnahme berechtigt, wenn ein Haftbefehl oder Unterbringungsbefehl vorliegt. Der Festgenommene muß spätestens am nächsten Tag dem Richter vorgeführt werden. Dieser entscheidet, ob die Festnahme gerechtfertigt ist, und ordnet gegebenenfalls die Freilassung an.

Firma

Die Firma ist rechtlich gesehen nichts anderes als der Name, unter dem ein Kaufmann seine Geschäfte tätigt. Sie ist praktisch gleichbedeutend mit dem Unternehmen selbst. Laut Namenrecht ist die Firma wie jeder andere Name rechtlich geschützt, in Streitfällen ist nur der Kaufmann selbst durch seine Unterschrift haftbar zu machen.

Flexible Altersgrenze

In Deutschland besteht die Möglichkeit, die Altersgrenze zum Erreichen des Rentenalters um bis zu drei Jahre vorzuverlegen. Nimmt man diese Regelung in Anspruch, vermindert sich jedoch die Rente nach den Gesetzesänderungen vom September 1996 um einen gewissen Prozentsatz, nämlich 3,6 % pro vorgezogenes Jahr.

Formularverträge

Das sind schriftliche Verträge, die in den Hauptpunkten bereits vorformuliert sind. Nur einzelne Punkte sind individuell auszufüllen (z. B. Namen der Vertragsparteien, genaue Bezeichnung des Vertragsgegenstands, Höhe der Geldbeträge, um die es geht, etc.). Formularverträge können z. B. vorformulierte Mietverträge oder Kfz-Kaufverträge sein.

Formvorschriften

Privatrechtlich herrscht bei Abschluß von Rechtsgeschäften Formfreiheit; jedoch bestehen bei einer Reihe wichtiger Verträge oder Geschäfte gewisse Formvorschriften, z. B. wenn bestimmte Klauseln Teil eines Vertrages sind, oder bei notariellen Beglaubigungen. Auch die schriftliche Abfassung bestimmter Regelungen oder Verträge fällt unter Formvorschriften.

Frauenarbeitsschutz

Neben dem allgemeinen Arbeitsschutz gibt es für Arbeitnehmerinnen zusätzliche Schutzvorschriften, z. B. das Verbot, unter Tage zu arbeiten. Ein besonderer Arbeitsschutz besteht für Schwangere und Wöchnerinnen (Mutterschutz).

Freibeträge
Beträge, die der Gesetzgeber vom zu versteuernden Betrag abzieht, die jedoch nicht der Steuer unterliegen, heißen Freibeträge. Die Höhe der Freibeträge wird folglich vom Gesetzgeber vorgeschrieben und ist unabhängig von der Höhe der tatsächlichen Aufwendungen. Diese müssen glaubhaft gemacht werden. Bei der Einkommensteuer z. B. sind dies der Kinderfreibetrag, der Haushalts-, Sparer- und Versorgungsfreibetrag.

»Frei Haus«
Bei einer »Frei-Haus«-Lieferung übernimmt der Verkäufer alle Transportkosten, bis die Ware in den Wohn- oder Geschäftsräumen des Käufers eintrifft.

Freiheit des Menschen
Artikel 2 des Grundgesetzes gewährleistet die Freiheit des Menschen. Hier werden drei Erscheinungsformen unterschieden:
① das Recht auf freie Entfaltung der Persönlichkeit,
② das Recht auf Leben und körperliche Unversehrtheit,
③ die Freiheit der Person.

Freiheitsberaubung
Wer einem Menschen die Möglichkeit nimmt, sich frei zu bewegen (z. B. ihn in einen verschlossenen Raum einsperrt), begeht Freiheitsberaubung. Dieser Tatbestand ist auch dann gegeben, wenn jemand aus Jux einem anderen die Kleider am Nacktbadestrand entwendet, da dem Betroffenen dadurch die Möglichkeit des Gebrauchs der persönlichen Freiheit genommen wurde.

Freiwillige Versicherung

Diese Möglichkeit besteht sowohl bei der Renten- als auch bei der Krankenversicherung. Bei der Rentenversicherung kann ein Versicherter nachträglich freiwillige Beiträge zahlen, wenn er aus besonderen Umständen versicherungsfrei oder wenn er an der Beitragszahlung gehindert war. So wird eine Lücke im Versicherungsleben geschlossen. Auch Personengruppen, die nicht versicherungspflichtig sind (z. B. Ärzte, Apotheker, Architekten oder Beamte), können sich bei der Rentenversicherung auf diese Weise freiwillig absichern.

Bei der gesetzlichen Krankenversicherung kann man sich ebenfalls freiwillig versichern. Das betrifft all jene, die über der Beitragsbemessungsgrenze liegen (1998: monatliches Bruttoeinkommen von 8400 DM in den alten bzw. 7000 DM in den neuen Bundesländern) oder selbständig sind. Sie zahlen einen Beitrag zur gesetzlichen Krankenversicherung, der sich jedes Jahr neu an der Beitragsbemessungsgrenze orientiert. (Beitragsbemessungsgrenze bei der Krankenversicherung 6300 DM bzw. 5250 DM)

Friedensvertrag

Dies ist ein Vertrag nach dem Völkerrecht, der den Kriegszustand zwischen zwei oder mehreren Staaten beendet. Er unterscheidet sich vom Waffenstillstand dadurch, daß letzterer lediglich eine Unterbrechung der Kriegshandlungen darstellt und nicht deren Ende.

Frist

Eine Frist ist ein bestimmter Zeitraum, dessen Überschreitung rechtliche Nachteile nach sich ziehen kann. Fristen können vertraglich individuell festgelegt werden oder durch Gesetz vorbestimmt sein.

Führungszeugnis

Hierunter versteht man eine Dokumentation über die Vorstrafen einer Person, die im Bundeszentralregister in Berlin geführt wird.

Fund

Ein Fund ist eine verlorene Sache, die der Finder nach Entdeckung in Besitz nimmt.

G

Garantie

Eine Garantie ist ein Versprechen, das beim Abschluß eines Rechtsgeschäftes abgelegt wird. Hierbei verspricht ein Vertragspartner dem anderen, für den Erfolg des Vertragszieles einzustehen. Kann aus irgendeinem Grund das Versprechen nicht gehalten werden, ergeben sich dadurch für den Garantierenden rechtliche Konsequenzen.

Gebühren

Unter Gebühren versteht man die Begleichung von Kosten, die durch öffentliche Dienste entstanden sind, aber auch die Begleichung von Gerichtskosten, Notarkosten, Rechtsanwaltskosten etc.

Gebührenpflichtige Verwarnung

Das ist eine Verwarnung, die bei geringfügigen Vergehen (z. B. Falschparken) mittels eines Verwarnungsgeldes erhoben wird.

Gefälligkeitsfahrt

Eine Fahrt, bei der man eine Person unentgeltlich und ohne weitere vertragliche Vereinbarungen – also gefälligkeitshalber – im Auto (oder auf einem Motorrad) mitnimmt, nennt man Gefälligkeitsfahrt. Erleidet diese Person bei einem Verkehrsunfall einen Schaden, steht ihr kein Schadensersatzanspruch zu.

Gegendarstellung

Wer in einer Zeitung oder Zeitschrift, bei Rundfunk- oder Fernsehsendungen Objekt einer Tatsachenbehauptung wird, die nicht zutrifft und durch die in der Öffentlichkeit ein falsches Bild seiner Person entstehen könnte, hat gegenüber dem verantwortlichen Redakteur und dem Verleger ein Recht auf Gegendarstellung (Persönlichkeitsrecht). Diese muß innerhalb von drei Monaten eingereicht werden.

Gehaltspfändung
Kann jemand gegenüber seinem Gläubiger seine Schuld auf absehbare Zeit nicht begleichen, so kann dieser einen Antrag auf Gehaltspfändung stellen.

GEMA
Das ist die Abkürzung für »**Ge**sellschaft für **m**usikalische **A**ufführungs- und mechanische Vervielfältigungsrechte«. Die GEMA schützt das Urheberrecht für Musikstücke, gewährleistet die Rechte der Komponisten, Textdichter und Verleger und überwacht die Zahlung der anfallenden Tantiemen bei einer öffentlichen Aufführung.

Gemeinschaft
Eine Gemeinschaft besteht aus mehreren Personen, denen Rechte gemeinsam zustehen, ohne daß der Zusammenschluß einem gemeinsamen Ziel dient.

Gemeinschaftliches Testament
Der Begriff bezeichnet eine gemeinsame Verfügung von Eheleuten im Falle ihres Todes. Das gemeinschaftliche Testament muß von beiden Ehegatten unterschrieben werden.

Genehmigung
Eine Genehmigung ist eine Zustimmung, die bei einem Rechtsgeschäft nachträglich erteilt wird. Z. B. können minderjährige Kinder zwar Verträge abschließen, zur rechtlichen Wirksamkeit ist jedoch die Genehmigung der Eltern erforderlich. (Siehe auch Erlaubnis)

Genomanalyse

Sie dient zur Identifizierung von Straftätern mittels einer Untersuchung der menschlichen Zellen. Das Genom ist die Zusammenfassung aller Erbinformationen eines Menschen, die in den Genen enthalten sind.

Genossenschaft

Eine Genossenschaft ist der Zusammenschluß mehrerer Personen mit dem Ziel, den Erwerb und die wirtschaftliche Tätigkeit dieser Personen zu fördern. Sie wird mit Eintrag in das Genossenschaftsregister wirksam. Beispiel: Genossenschaftsbanken und die Winzergenossenschaft.

Gerechtigkeit

Das oberste Ziel der Rechtsprechung, unabhängig von der staatlichen Form, ist Gerechtigkeit. Der Begriff liegt in der schon in der Antike geläufigen Formel begründet, *jedem das Seine* zu gewähren.

Gerichtsbescheid

Ein Verfahren, bei dem der Sachverhalt klar auf der Hand liegt und geklärt ist, und bei dem keine weiteren Schwierigkeiten zu erwarten sind, kann ohne gerichtliche Verhandlung durch Gerichtsbescheid entschieden werden. Allerdings müssen alle Beteiligten vorher gehört werden.

Gerichtskosten

Hierunter versteht man alle Gebühren und Kosten, die in einem Gerichtsverfahren bei der Tätigkeit der Gerichte entstehen.

Gerichtsstand

Der Gerichtsstand ist der Ort, an dem das Gericht in erster Instanz entscheidet.

Gerichtsvollzieher
Ein Gerichtsvollzieher ist ein Beamter, der für Zustellungen, Vorladungen und Vollstreckungen zuständig ist, die gerichtlich angeordnet werden. Seine wichtigste Aufgabe ist die Zwangsvollstreckung.

Geringfügig Beschäftigte
Dies sind Personen, die regelmäßig weniger als 15 Stunden pro Woche arbeiten. Die Beschäftigung darf pro Jahr nicht länger als zwei Monate oder 50 Tage andauern. Geringfügig Beschäftigte sind nicht kranken- oder sozialversicherungspflichtig und dürfen pro Monat (in 1998) ein Einkommen von 620 DM in den alten und 520 DM in den neuen Bundesländern nicht überschreiten.

Gesamtgut
Die Gesamtheit des Vermögens, das den Eheleuten zum Zeitpunkt der Eheschließung gehört, nennt man Gesamtgut. Voraussetzung dafür ist die Gütergemeinschaft, die notariell zu vereinbaren ist.

Gesamtschuld
Wenn in einer Gruppe von Personen jeder einzelne von ihnen verpflichtet ist, eine bestimmte Leistung vollständig zu erbringen, diese vom Gläubiger aber nur einmal gefordert werden darf, spricht man von Gesamtschuld.

Geschäftsfähigkeit
Personen, die das 18. Lebensjahr vollendet haben, sind geschäftsfähig. Sie sind somit imstande, Rechtsgeschäfte selbständig und eigenverantwortlich vorzunehmen.

Gesellschaft des bürgerlichen Rechts (GbR)
Eine GbR ist der privatrechtliche Zusammenschluß von mindestens zwei Personen mit dem Zweck, ein bestimmtes gemeinsames Ziel zu erreichen. Dieses ist vertraglich festzulegen.

Gesellschaft mit beschränkter Haftung (GmbH)

Eine GmbH ist eine rechtsfähige Kapitalgesellschaft. Die Gesellschafter sind mit ihren Einlagen finanziell am Stammkapital beteiligt, haften jedoch nicht für die Schulden der Gesellschaft. Als Mindesteinlage für eine GmbH sind 50 000 DM nötig.

Gesetz

Ein Gesetz ist ein hoheitlicher Willensakt, der nach verschiedenen Gesetzgebungsverfahren vom Parlament eines Landes oder des Bundes verabschiedet wird.

Gesetzgebungsverfahren

Hierunter versteht man das Verfahren, das zum Erlaß eines Gesetzes notwendig ist. In Deutschland, wie in jeder anderen Demokratie, unterliegt die Gesetzgebung dem Parlament.

Gesetzlicher Vertreter

Wer das 18. Lebensjahr noch nicht vollendet hat oder aus einem anderen Grund (z. B. bei Geisteskrankheit) geschäftsunfähig ist, benötigt zum Abschluß von Rechtsgeschäften einen gesetzlichen Vertreter. Diese können sein: Eltern, Vormund, Pfleger, Betreuer o. ä. Der gesetzliche Vertreter handelt im Namen des Geschäftsunfähigen.

Gesundheitsschutz

Dafür ist das von einem Amtsarzt geleitete Gesundheitsamt zuständig. Es hat die Aufgabe, die Bevölkerung vor drohenden Gesundheitsschäden (besonders vor ansteckenden Krankheiten) zu schützen.

Gewerbe

Ein Gewerbe ist jede gesetzlich erlaubte selbständige Tätigkeit, die auf Dauer angelegt ist und das Ziel hat, Gewinn zu erwirtschaften. Ausnahmen sind Tätigkeiten in der Land-

und Forstwirtschaft sowie freie Berufe (Ärzte, Rechtsanwälte etc.). Grundsätzlich sind Betrieb und Leitung eines Gewerbes jedem gestattet. Kontrollinstanz ist das Gewerbeaufsichtsamt.

Gewerbezulassung
Eine Zulassung zum Betreiben eines Gewerbes benötigen z. B. Grundstücks- und Wohnungsmakler, Handwerker, Pfandleiher und Kreditinstitute, Anlageberater, Gastwirte, Schausteller, Personenverkehrsunternehmer, Versicherungsunternehmen, Reisegewerbetreibende etc.

Gewerkschaften
Das sind Organisationen, welche die Interessen der Arbeitnehmer in einem Betrieb gegenüber den Arbeitgebern vertreten. Sie sind vor allem bei der Gestaltung der Arbeitsbedingungen durch Tarifverträge beteiligt.

Gewissensfreiheit
Die Gewissensfreiheit ist eines der im Grundgesetz verankerten Grundrechte. Was Sie für richtig oder falsch halten, bleibt einzig und allein Ihre Entscheidung. Auch die Möglichkeit, Ihre Weltanschauung nach außen hin zu bekunden, wird in keiner Weise rechtlich begrenzt.

Gleichberechtigung
Das Grundgesetz garantiert die Gleichbehandlung von Mann und Frau. Niemand darf wegen seines Geschlechts bevorzugt oder benachteiligt werden. Wenn z. B. eine Frau die gleiche oder eine vergleichbare Arbeit ausübt wie ein Mann, so ist unterschiedliche Arbeitsentlohnung unzulässig.

Gleichheit
Der Gleichheitsgrundsatz ist im Grundgesetz verankert. Alle Menschen sind vor dem Gesetz gleich, Männer und Frauen sind gleichberechtigt. Wegen seines Geschlechts, sei-

ner Abstammung, Rasse, Sprache, Heimat, wegen seines Glaubens, seiner religiösen und weltanschaulichen Ansichten darf niemand bevorzugt oder benachteiligt werden.

Glücksspiel

Das ist ein Spiel, bei dem der Zufall über Gewinn oder Verlust des Einsatzes entscheidet. Gewohnheitsmäßiges Glücksspiel in geschlossenen Gesellschaften ist verboten. Schulden, die bei einem Glücksspiel entstehen, sind nicht einklagbar.

Gratifikation

Hierunter versteht man eine Zahlung, die aus besonderen Anlässen (z. B. Weihnachten, Urlaub, Jubiläum) zusätzlich zum normalen Arbeitsentgelt geleistet wird. Eine Gratifikation und ihre Höhe können freiwilliger Natur oder vertraglich geregelt sein (Betriebsvereinbarung, Arbeitsvertrag).

Grundbuch

Das Grundbuch ist eine Liste, die vom Grundbuchamt geführt wird. Sie enthält Angaben über und die Rechte an Grundstücken sowie Eigentumswohnungen, also Name des Eigentümers, Größe und Lage des Objektes sowie finanzielle Belastungen. Nach einem notariellen Antrag und dem Nachweis eines berechtigten Interesses ist ein Einblick ins Grundbuch für jedermann möglich.

Grunderwerbssteuer

Diese Steuer müssen Sie entrichten, wenn Sie im Inland ein Grundstück erwerben. In sehr seltenen Ausnahmefällen ist eine Steuerbefreiung möglich, z. B. bei einem Grundstückswert unter 5000 Mark.

Grundgesetz

Das Grundgesetz der Bundesrepublik Deutschland stammt aus dem Jahr 1949 und stellt die Verfassung unseres Landes dar. Hier sind die Grundrechte der Bundesbürger verankert.

Grundrechte

Die Grundrechte sind die Elementarrechte des Bürgers und beinhalten z. B. Freiheitsrechte und Gleichheitsrechte des einzelnen.

Gütergemeinschaft

Sie kann durch einen Ehevertrag vereinbart werden. Die beiden Vermögen von Mann und Frau werden zu einem gemeinschaftlichen Vermögen beider Ehegatten, über das auch nur beide gemeinsam verfügen können (falls nichts anderes im Ehevertrag ausgehandelt wurde).

Gütertrennung

Durch einen Ehevertrag können Ehegatten Gütertrennung vereinbaren: Beider Vermögen sind vollkommen getrennt, und jeder verwaltet sein Vermögen auf eigene Rechnung.

Guter Glaube

Wenn Sie beim Abschluß eines Rechtsgeschäftes darauf vertrauen, daß die Rechtslage dem äußeren Schein entspricht und somit keine weiteren Regelungen erforderlich sind, handeln Sie in »gutem Glauben«.

Gute Sitten

Darunter versteht man die Denk- und Handlungsweise aller, die im Bewußtsein von Anstand und Gerechtigkeit Rechtsgeschäfte vornehmen.

H

Haftbefehl

Hierunter versteht man eine schriftliche richterliche Anordnung zur Untersuchungshaft auf Antrag der Staatsanwaltschaft. Ein Haftbefehl kann nur bei dringendem Tatverdacht erlassen werden. Haftgründe können sein: unbekannter Aufenthaltsort, Fluchtgefahr, Verdunklungsgefahr u. ä. Bei schweren Verbrechen – z. B. bei Mord – ist ein Haftgrund nicht erforderlich.

Haftpflicht

Das ist die Verpflichtung, einen Schaden zu ersetzen. Bevor Haftpflicht eintritt, muß ein Verschulden vorliegen.

Haftung

Dieser Begriff bedeutet, daß ein Schuldner zur Begleichung seiner Schuld verpflichtet ist. Schulden Sie z. B. einer anderen Person Geld, so haften Sie dafür. Haben Sie dagegen eine Haftpflichtversicherung abgeschlossen, übernimmt diese den Ersatz von Schäden, die Sie einem anderen zufügen. Besitzen Sie ein Auto oder ein Motorrad, können Sie ohne eine Haftpflichtversicherung gar keine Zulassung für den Straßenverkehr bekommen.

Halbwaisen

Kinder, deren einer Elternteil, Vater oder Mutter, verstorben ist, nennt man Halbwaisen.

Handelsgeschäfte

Hierunter versteht man alle rechtlichen Geschäfte, die ein Kaufmann für den Betrieb seines Gewerbes tätigt.

Handelsrecht
Das Handelsrecht ist die Zusammenfassung aller Gesetze des Privatrechts, die für Kaufleute gelten.

Handelsvertreter
Ein Handelsvertreter ist ein selbständiger Gewerbetreibender, der ständig für einen anderen Unternehmer Geschäfte vermittelt oder in dessen Namen abwickelt.

Hausfriedensbruch
Wer widerrechtlich in fremde Besitztümer (Haus, Wohnung, Garten, öffentliche Gebäude u. ä.) eindringt und/oder der Aufforderung des Besitzers oder Eigentümers, sich zu entfernen, nicht Folge leistet, begeht Hausfriedensbruch.

Hausgehilfen
Hierunter versteht man Arbeitnehmer, die in einem Privathaushalt regelmäßig hauswirtschaftliche Arbeiten leisten. Beschäftigen Sie jedoch eine Putzfrau nur stundenweise, zählt sie nicht als Hausgehilfin im rechtlichen Sinne.

Hausrat
Zum Hausrat gehören alle beweglichen Dinge, die sich in einem Haus oder einer Wohnung befinden, also Möbel, Teppiche, Lampen etc.

Haustürgeschäfte
Wer mit einem Vertreter oder Verkäufer in der Wohnung, aber auch am Arbeitsplatz, auf der Straße oder bei sogenannten Kaffeefahrten einen Vertrag abschließt, macht ein Haustürgeschäft. Entscheidend hierbei ist das Überraschungsmoment und die Tatsache, daß man zur Abwägung der Vor- und Nachteile nur eine kurze Bedenkzeit hat.

Hehlerei

Hehlerei begeht, wer eine Sache, die ein anderer durch Diebstahl in seinen Besitz genommen hat, ankauft und weiterveräußert, um sich oder einen Dritten zu bereichern.

Heimarbeit

Wenn Sie in Ihrer eigenen Wohnung im Auftrag eines Gewerbetreibenden Arbeiten oder sonstige Leistungen verrichten und deren Weiterverwertung Ihrem Auftraggeber überlassen, betreiben Sie Heimarbeit. Es bleibt Ihnen überlassen, wie Sie Ihre Zeit einteilen, Sie sind persönlich unabhängig. Gleichzeitig haben Sie aber auch als Heimarbeiter Anspruch auf Urlaub, Jugendarbeits- und Mutterschutz.

Heimgesetz

Dieses Gesetz schützt die Interessen und Bedürfnisse von Heiminsassen, also pflegebedürftigen Personen, die aufgrund ihrer Beeinträchtigung nicht nur vorübergehend in einem Heim untergebracht sind.

Heranwachsende

Gemeint sind volljährige Personen bis zur Vollendung des 21. Lebensjahres. Im Falle einer Straftat kann das Jugendstrafrecht angewendet werden, wenn bestimmte Voraussetzungen gegeben sind.

Hinterlegung

Ist die Begleichung einer Schuld für den Schuldner aus triftigen Gründen (z. B. wenn der Gläubiger nicht aufzufinden ist) nicht möglich und befindet sich der Gläubiger in Annahmeverzug (d. h., der Gläubiger nimmt eine ihm vom Schuldner angebotene Leistung nicht an), so kann beim Amtsgericht die geschuldete Sache zur Aufbewahrung hinterlegt werden. Dieser Vorgang gilt praktisch als Schulderfüllung. Sie ist jedoch nur möglich bei einer Schuld von Geld, Wertpapieren, Urkunden und Kostbarkeiten wie z. B. Schmuck.

Hochverrat

Wer mit Gewalt oder durch Androhung von Gewalt die verfassungsmäßig garantierte Ordnung des Staates verändern will, begeht Hochverrat.

Höchstpersönliche Rechte

Das sind subjektive Rechte, die nicht übertragbar und nicht vererbbar sind, weil sie eng an die Person des Berechtigten gebunden sind (z. B. Mitgliedschaftsrechte in Vereinen).

Höhere Gewalt

Hierunter versteht man ein nicht zu erwartendes, außergewöhnliches Ereignis, das vom Betroffenen auch durch äußerste Sorgfalt nicht verhindert werden kann. Wenn Sie z. B. im Winter über Nacht in Ihrem Wohnort eingeschneit werden und sich mit Ihrem Fahrzeug nur unter erheblichen Behinderungen fortbewegen könnten, wären Sie wegen Nichteinhaltung eines Termins nicht haftbar zu machen.

Honorar

Das Honorar ist ein Entgelt (sozusagen der Lohn) für die Inanspruchnahme von Dienstleistungen bei Architekten, Ärzten, Ingenieuren, Steuerberatern, Rechtsanwälten und Wirtschaftsprüfern. Die Höhe richtet sich nach den jeweils einheitlichen Gebührenordnungen der einzelnen Berufsgruppen.

Hypothek

Mit einer Hypothek wird ein Grundstück oder ein Anteil eines solchen zugunsten eines Gläubigers belastet. Diesem wird, wenn die Schuld beglichen werden soll, eine bestimmte Geldsumme aus dem Grundstück ausbezahlt.

I

Immissionsschutz
Ziel des Immissionsschutzgesetzes ist es, die Umwelt vor schädlichen Einflüssen und Gefahren, Belästigungen und Nachteilen zu schützen. Mit »Umwelt« ist hier sowohl die Allgemeinheit als auch die Nachbarschaft gemeint.

Impfzwang
Nach dem Bundesseuchengesetz sind die Gesundheitsämter dazu verpflichtet, unentgeltliche Schutzimpfungen gegen übertragbare Krankheiten durchzuführen. Impfzwang kann gesondert angeordnet werden, wenn mit besonders bösartigem Auftreten und der Verbreitung einer Krankheit gerechnet werden muß.

in dubio pro reo
Diese lateinische Formel heißt zu deutsch »im Zweifel für den Angeklagten«. Bleiben nach einer Verhandlung noch Zweifel an der Schuld des Angeklagten, muß dies zugunsten desselben ausgelegt werden. Der Angeklagte ist freizusprechen oder nach einer wesentlich milderen Vorschrift zu bestrafen.

Inkassobüro
Ein Inkassobüro ist ein Gewerbebetrieb, der sich mit der Eintreibung fremder Forderungen befaßt. Er ist als stehendes Gewerbe anzeigepflichtig.

Innerer Notstand
Wenn sich Naturkatastrophen ereignet haben oder Gefahr für die freiheitlich demokratische Grundordnung des Staates besteht, liegt ein innerer Notstand vor.

Inobhutnahme

Kinder oder Jugendliche können beim Jugendamt um Inobhutnahme bitten, wenn bei ihnen eine akute Gefahr für Leib und Leben besteht. Nach der Entscheidung des Vormundschaftsgerichts erfolgt eine Unterbringung in speziellen Einrichtungen (z. B. in Heimen) oder bei einer geeigneten Person. Die Sorgeberechtigten haben Einspruchsrecht.

Intimsphäre

Die Intimsphäre ist durch das Grundgesetz geschützt. Bei Beeinträchtigung des Privatbereichs, z. B. durch Veröffentlichung persönlicher Tagebuchaufzeichnungen ohne Einwilligung des Verfassers oder bei falscher Berichterstattung durch die Medien, sind Schadensersatz- und Schmerzensgeldforderungen möglich.

Inventur

Hierunter versteht man die den Betrieben gesetzlich vorgeschriebene Bestandsaufnahme von Waren durch Zählen, Messen, Wiegen oder Schätzen. Sie wird meist am Jahresende durchgeführt.

Irrtum

Der Irrtum ist besonders im Privatrecht von Bedeutung. Bei erwiesenem Vorliegen eines Irrtums seitens des Betroffenen kann man diesem keinen Vorsatz mehr vorwerfen. Auch schützt diese Regelung vor dem unrechtmäßigen Erwerb von Diebesgut.

J

Job-Sharing
siehe Arbeitsplatzteilung

Jugendlicher
Als Jugendlicher gilt vor dem Gesetz der Minderjährige zwischen der Vollendung des 14. und des 18. Lebensjahres. Er ist nur bedingt strafmündig.

Jugendrecht
Das ist die Gesamtheit aller Gesetze, welche die Rechte und Pflichten des Jugendlichen regeln.

Jugendschutz
Der Jugendschutz dient dazu, Minderjährigen die freie Entfaltung ihrer körperlichen, seelischen und geistigen Anlagen zu sichern und sie vor Einflüssen zu schützen, die diese Entwicklung stören könnten. Die verschiedenen Gesetze des Jugendschutzes wenden sich nicht an die Minderjährigen selbst, sondern an die Erwachsenen, die mit dem Schutz beauftragt werden. Man unterscheidet: Jugendarbeitsschutzgesetz, Gesetz zum Schutz der Jugend in der Öffentlichkeit, Gesetz über die Verbreitung jugendgefährdender Schriften und strafrechtlicher Jugendschutz.

Jugendstrafe
Sie ist dann zu verhängen, wenn die Straftat eines Jugendlichen so schwer wiegt, daß bloße jugendrechtliche Erziehungsmaßnahmen nicht mehr ausreichen.

Juristische Person

Hierunter versteht man eine Organisation, der durch die Rechtsprechung eine eigene Rechtsfähigkeit zuerkannt wird. Man unterscheidet die juristische Person des Privatrechts (Verein, Aktiengesellschaft, GmbH, auch Stiftungen) und die juristische Person des öffentlichen Rechts (Körperschaft, Anstalt, Stiftung des öffentlichen Rechts).

Justiz

Der Begriff bedeutet »Rechtspflege«. Insgesamt versteht man darunter die Tätigkeit der ordentlichen Gerichtsbarkeit und der zuständigen Justizverwaltung.

K

Kartell
Ein Kartell ist ein Zusammenschluß wirtschaftlicher Unternehmen mit dem Ziel einheitlicher Aktivitäten auf dem gemeinsamen Markt. Außerdem sollen dadurch Konkurrenzunternehmen in ihrem Handlungsspielraum behindert werden.

Kauf
Beim Kauf verpflichtet sich der Verkäufer zur Übereignung einer Sache an den Käufer, dieser wiederum zur Zahlung des Kaufpreises an den Verkäufer. Nach Abschluß des Kaufs ist der Käufer somit Besitzer und Eigentümer der erworbenen Sache. Wenn Sie also im Kaufhaus einen Zehnerpack Socken erstehen, kommt an der Kasse ein gegenseitiger schuldrechtlicher Vertrag zustande.

Kaufmann
Ein Kaufmann ist derjenige, der ein Handelsgewerbe führt. Folgende Voraussetzungen gelten: Sie müssen eine Firma leiten und eine Buchhaltung führen; Sie können Mitarbeitern Prokura erteilen. Der Kaufmann ist rechtlich an das Handelsgesetzbuch gebunden.

Kaution
Hierunter versteht man eine Sicherheitsleistung, um Benachteiligungen, die bei einer vertraglich vereinbarten Sache oder Leistung in Zukunft eintreten könnten, finanziell abzusichern. Sie zahlen z. B. eine Mietkaution, um eventuelle spätere Reparaturen in der Wohnung begleichen zu können. Ist diese Kaution beim Auszug unangetastet geblieben, be-

kommen Sie sie zurückerstattet. Die Höhe der Kaution wird vertraglich individuell gestaltet. Bei Mietverträgen ist die Kaution zu den üblichen Sätzen zu verzinsen.

Kilometerpauschale
Wenn Sie mit Ihrem eigenen Auto oder Motorrad von Ihrer Wohnung zur Arbeitsstelle und zurück fahren, können Sie im Rahmen Ihrer Werbungskosten pro Tag und pro Kilometer einen bestimmten Betrag geltend machen.

Kinder
Kinder sind laut BGB Abkömmlinge ersten Grades. Im Jugendrecht sind Kinder Minderjährige bis zur Vollendung des 14. Lebensjahres. Sie sind strafunmündig.

Kinderarbeit
Grundsätzlich ist Kinderarbeit verboten. Ausnahmeregelungen gibt es für Kinder über 13 Jahren (leichte Arbeiten z. B. in der Landwirtschaft) und für Kinder ab dem sechsten Lebensjahr bei kulturellen Veranstaltungen.

Kindererziehungszeiten
Wenn Ihr Kind nach 1991 geboren wurde, können Sie dessen erste drei Lebensjahre als Versicherungszeit in der Rentenversicherung anrechnen lassen. Ist Ihr Kind vor 1992 geboren, werden zwölf Monate angerechnet.

Kindergeld
Hierunter versteht man eine steuerfreie Zahlung des Staates, die dieser unterhaltspflichtigen Personen für Kinder bis zum 16. Lebensjahr gewährt. Die Kinder müssen im gleichen Haushalt leben. Unter bestimmten Voraussetzungen kann die Kindergeldzahlung über das 16. Lebensjahr hinaus andauern, z. B. im Falle einer Behinderung des Kindes oder bei Ausbildung, Wehrpflicht etc.

Kirchenaustritt

Im Grundgesetz ist das Recht auf Religionsfreiheit verankert. Das beinhaltet auch das Recht, keinen Glauben zu haben. Somit ist der Staat verpflichtet, Ihnen die Möglichkeit zum Kirchenaustritt zu eröffnen. Kinder ab dem 14. Lebensjahr können selbständig aus der Kirche austreten.

Kirchenrecht

Das Kirchenrecht ist die Zusammenfassung der Gesetze, die das interne Leben der Kirche und das Verhältnis zwischen Kirche und Staat regeln.

Klage

Mit Einreichung einer Klage ersucht der Kläger das Gericht um Rechtsschutz gegenüber dem Beklagten in einem Streitfall. Die Klage muß schriftlich erhoben werden und die Namen der Parteien und des Gerichts sowie einen konkreten Antrag enthalten.

Körperschaft

Die Körperschaft ist eine Organisation, die aus Mitgliedern besteht und deren Fortbestand vom Wechsel der Mitglieder unabhängig ist. Man unterscheidet privatrechtliche Körperschaften (z. B. Vereine, AG, GmbH) und Körperschaften des öffentlichen Rechts (z. B. Staat, Gemeinden, Hochschulen).

Körperverletzung

Hierunter versteht man strafrechtlich eine körperliche Mißhandlung oder eine Gesundheitsschädigung. Die Rechtsprechung kennt mehrere Stufen der Körperverletzung: einfache vorsätzliche Körperverletzung, gefährliche Körperverletzung, schwere Körperverletzung, Körperverletzung mit Todesfolge, Mißhandlung von Schutzbefohlenen, Beteiligung an einer Schlägerei, Vergiftung. Rechtlich gesehen stellt schon ein ärztlicher Eingriff eine Körperverletzung dar. Diese Art der Körperverletzung wird jedoch durch die schriftliche Einwilligung des Patienten in den Eingriff gerechtfertigt.

Konkurs

Die Zahlungsunfähigkeit eines Schuldners gegenüber einer Gruppe von Gläubigern nennt man Konkurs. Vom Amtsgericht wird auf Antrag eines der Gläubiger oder des Schuldners ein Konkursverfahren eröffnet. Mittels einer Vollstreckung werden die Gläubiger aus dem Gesamtvermögen des Schuldners anteilig befriedigt.

Konzession

Eine Konzession ist die Erlaubnis zum Betrieb eines Gewerbes. Sie wird erteilt, wenn der Antragsteller persönlich zuverlässig ist und der Betrieb den gesetzlichen (z. B. hygienischen oder baupolizeilichen) Bestimmungen entspricht. Eine Konzession benötigen Sie, wenn Sie folgende Gewerbe betreiben möchten: Apotheke, Gaststätte, Lebensmittelhandel, Personenbeförderung, Kreditinstitut, Private Krankenanstalt, Versicherungsunternehmen.

Kraftfahrzeugbrief

Das ist eine Urkunde, in welcher der Name des Kfz-Eigentümers enthalten und das Kfz selbst näher bezeichnet ist. Dieser Brief ist praktisch der Eigentumsbeweis an einem Kfz.

Kraftfahrzeughaftung

Dieser Begriff bedeutet, daß der Halter eines Kfz dafür haftet, wenn beim Betrieb des Fahrzeugs ein Mensch oder eine Sache geschädigt wird. Halter sind Sie, wenn Sie das Kfz auf eigene Rechnung in Gebrauch und darüber Verfügungsgewalt haben. Sie müssen dabei nicht zwangsläufig auch der Eigentümer sein.

Kraftfahrzeugversicherung

Eine Kraftfahrzeugversicherung schließt man ab, um die Kosten für Schäden abzudecken, die beim Betrieb eines Kfz entstehen können. Darunter fallen: Haftpflichtversicherung, Kaskoversicherung und Insassenunfallversicherung.

Krankengeld

Hierunter versteht man eine Zahlung, welche die Krankenkasse im Falle einer Erkrankung leistet. Die Kostenerstattungssätze sind im Rahmen der Gesundheitsreform gesenkt worden: Seit dem 1. Januar 1997 werden statt 100 nur noch 90 % Krankengeld gewährt.

Krankenversicherung

Sie wird abgeschlossen, um die Folgen einer Erkrankung und deren Kosten finanziell abzusichern. Ziel ist aber auch die Früherkennung, Verhütung und Bekämpfung von Krankheiten. Die Krankenversicherung ist Teil des Arbeitsvertrages, eine Mitgliedschaft ist Pflicht und gesetzlich vorgeschrieben.

Kriegsdienstverweigerung

Laut Grundgesetz besteht das Recht, den Kriegsdienst mit der Waffe aus Gewissensgründen zu verweigern. Trotzdem müssen alle jungen Männer im wehrpflichtigen Alter zur Musterung und werden statistisch erfaßt. Über den Antrag auf Verweigerung entscheidet dann das Bundesamt für Zivildienst.

Kriminelle Vereinigungen

Gemeint sind Organisationen, die zu dem Zweck gebildet wurden, Straftaten zu begehen. Alle an Gründung, Werbung und Teilnahme Beteiligten und Helfer machen sich strafbar.

Kriminologie

Die Wissenschaft vom Verbrechen untersucht kriminelle Handlungen, ihre Entstehung, Ursachen und Folgen sowie die Wirksamkeit der Bekämpfungsmaßnahmen.

Kronzeuge

Ein Kronzeuge ist derjenige, der an einer terroristischen Handlung oder bei deren Vorbereitung beteiligt war, jedoch der Justiz durch seine Aussage behilflich ist, Taten zu verhindern oder aufzuklären und somit die Festnahme des Täters herbeizuführen. Dem Kronzeugen kann Strafmilderung oder sogar Straffreiheit zugesagt werden.

Kündigung

Sie ist wirksam, wenn einer der Vertragspartner einseitig ein Schuldverhältnis dauerhaft aufhebt und der andere diese Handlung akzeptiert. Die häufigsten Erscheinungsformen sind Kündigung des Arbeitsverhältnisses und Mietkündigung. Vertraglich vereinbarte Kündigungsfristen sind einzuhalten, es sei denn, ein längeres Aufrechterhalten des Schuldverhältnisses würde einen unzumutbaren Schaden der einen Vertragspartei zur Folge haben.

Kündigungsschutz

Eine befristete Kündigung für Arbeitnehmer ist nur dann gültig, wenn sie sozial gerechtfertigt ist. Vor jeder Kündigung muß der Betriebsrat gehört werden. Der Entlassene hat die Möglichkeit, innerhalb von drei Wochen Klage vor dem Amtsgericht zu erheben.

Kunstfehler

Einen Kunstfehler begeht derjenige Arzt, der einen Eingriff nicht mit der gebotenen Sorgfalt durchführt und somit Schaden an der Gesundheit seines Patienten anrichtet. Darunter fällt auch die Fehldiagnose. Der Kunstfehler führt zu Schadensersatz- und Schmerzensgeldforderungen.

Kunstfreiheit

Sie ist durch das Grundgesetz gewährleistet und besagt, daß jeder das Recht hat, sich ohne Gesetzesvorbehalt künstlerisch zu betätigen. Lediglich die Reglementierungen des Jugendschutzes und des Persönlichkeitsrechts sind zu wahren.

Kuppelei

Wer durch Vermittlung oder Verschaffung von Gelegenheiten sexuelle Handlungen an einer Person unter 16 Jahren fördert, begeht Kuppelei. Strafbar ist es auch, eine noch nicht 18 Jahre alte Person zu sexuellen Handlungen gegen Entgelt zu zwingen.

Kurzarbeit

Der Begriff besagt, daß die normale Arbeitszeit vorübergehend gemindert wird. Gründe dafür können sein: momentan geringe Auftragslage oder technische Umstände wie z. B. großangelegte Umbauten im Betrieb.

L

Ladendiebstahl

Wer in einem Selbstbedienungsladen Waren nimmt und sie in der Kleidung oder einer Tasche versteckt in der Absicht, das Geschäft zu verlassen, ohne für die Waren zu zahlen, begeht Ladendiebstahl.

Ladenschluß

Nach dem neuen Ladenschlußgesetz ist es seit November 1996 den einzelnen Geschäften selbst überlassen, wie lange sie ihren Laden geöffnet halten. Prinzipiell ist eine Ladenöffnungszeit zwischen sieben und zwanzig Uhr vorgesehen. Der sogenannte lange Samstag (jeder erste Sonnabend im Monat), an dem bis 14 Uhr geöffnet sein konnte, entfällt: Seither können Sie in Ihrem Supermarkt, im Großmarkt und Kaufhaus bis 16 Uhr einkaufen – vorausgesetzt, der Ladeninhaber hat für seine Kunden diese Möglichkeit geschaffen.

Ladung

Der Begriff bedeutet, daß ein Gericht oder eine Behörde Sie auffordert, dort zu einem bestimmten Termin zu erscheinen. Zwischen der schriftlichen Zustellung und dem angeordneten Termin muß eine Ladungsfrist gewahrt werden.

Leasing

Das ist eine besondere Form der Miete. Dem Leasingnehmer wird eine Sache für einen bestimmten Zeitraum gegen Entgelt überlassen. Nach Ablauf des vereinbarten Zeitraums besteht die Möglichkeit, die Sache gegen Zahlung des Restwertes zu kaufen. Z. B. können Sie ein Auto für einen bestimmten Zeitraum leasen und dafür einen monatlichen

Betrag leisten. Danach können Sie, wenn Sie wollen, das Auto behalten und den Restbetrag zahlen. Oder Sie geben den Wagen zurück und erhalten einen neuen Leasingvertrag für einen Neuwagen.

Lebensalter

Die Rechte und Pflichten des Menschen ändern sich mit zunehmendem Lebensalter. Einige Beispiele: Geburt – Beginn der Rechtsfähigkeit; sechstes Jahr – Beginn der Schulpflicht; 15. Jahr – Arbeitsberechtigung; 16. Jahr – Ehefähigkeit, Pflicht zum Besitz eines Personalausweises; 18. Jahr – Volljährigkeit, Wehrpflicht; 45. Jahr – Ende der Wehrpflicht im Frieden; 65. Jahr – Altersrente für Rentenversicherte.

Lebensmittelrecht

Es besagt, daß Lebensmittel nicht hergestellt oder in den Verkehr gebracht werden dürfen, wenn deren Verzehr die Gesundheit des Menschen schädigt.

Legitimation

Ein nichteheliches Kind wird ehelich (legitimiert), wenn die Eltern heiraten. Darüber hinaus kann das Vormundschaftsgericht ein Kind auch bei Nichtheirat von Vater und Mutter für ehelich erklären, wenn dies dem Wohl des Kindes zuträglich ist.

Leiharbeiter

Gemeint sind Arbeitnehmer, die von ihrem Arbeitgeber für eine bestimmte Zeit einem anderen Arbeitgeber überlassen werden. Der Arbeitnehmer untersteht in diesem Zeitraum den Weisungen des anderen, der eigentliche Arbeitgeber ist für die Lohnzahlungen zuständig.

Leihmutter

So nennt man eine Frau, die einen Embryo austrägt, der außerhalb des Körpers gezeugt wurde.

Leitende Angestellte
Angestellte, die innerhalb eines Betriebes unternehmerische Tätigkeiten ohne besondere Weisung von oben wahrnehmen, heißen Leitende Angestellte. Sie sind befugt, Mitarbeiter einzustellen und zu entlassen, und haben gegenüber den Arbeitgebern eine erhöhte Treuepflicht. Sie unterliegen auch nicht in allen Fällen dem Betriebsverfassungsgesetz.

Lenkzeit
Hierunter versteht man die Zeit, die man laut Arbeitsrecht maximal hinter dem Steuer eines Kraftfahrzeugs verbringen darf – nämlich acht Stunden. Ohne Pause darf man höchstens viereinhalb Stunden fahren; die anschließende Ruhezeit sollte mindestens eine halbe Stunde betragen.

Lohnfortzahlung im Krankheitsfall
Sie wurde im September 1996 per Gesetz neu geregelt. Seitdem müssen Arbeitgeber ihren Angestellten im Krankheitsfall nicht mehr 100 %, sondern nur noch 80 % Lohnfortzahlung gewähren. Alternativ kann der Arbeitnehmer allerdings auch entsprechende Anrechnung von Urlaubstagen verlangen. Dabei gilt: Für jeweils fünf Krankheitstage wird ein Urlaubstag angerechnet. Die Vereinbarungen in den einzelnen Tarifverträgen sind aber durch dieses Gesetz nicht betroffen. Streiks und Demonstrationen sorgten in den letzten Monaten des Jahres 1996 dafür, daß die meisten Arbeitgeberverbände »intern« mit den Gewerkschaftsvertretern und Betriebsräten Vereinbarungen schlossen, die dieses Gesetz inhaltlich nicht übernahmen.

Lohnsteuerjahresausgleich
Sind Sie ein nichtselbständiger Arbeitnehmer und unbeschränkt steuerpflichtig, können Sie einen Lohnsteuerjahresausgleich beantragen. Die Lohnsteuer, die der Arbeitgeber einbehält, muß aber höher sein als die Steuer nach der Jahreslohnsteuertabelle.

Lotterie

Das ist eine legale Unterart des Glücksspiels. Wenn Sie an einer Lotterie teilnehmen, schließen Sie gegen Zahlung eines Geldeinsatzes – zusammen mit anderen Teilnehmern – mit dem Lotterieunternehmer einen Vertrag ab. In diesem verspricht er, nach einem bestimmten Spielplan Geldsummen an die Gewinner zu zahlen. Besteht der Gewinn aus Sachwerten, spricht man von einer Tombola.

M

Mahnung
Eine Mahnung ist die Aufforderung eines Gläubigers an einen Schuldner, eine überfällige Leistung zu erbringen. Wenn Sie z. B. eine Sache bei einem Lieferanten bestellt und erhalten haben und nicht innerhalb einer vereinbarten Frist die Rechnung begleichen, fordert Sie der Lieferant mittels einer Mahnung zur Zahlung auf.

Mahnverfahren
Ein Gläubiger kann ein Mahnverfahren beantragen, um seine Geldforderungen gerichtlich durchzusetzen. Das Mahnverfahren ist keine Klage vor Gericht, sondern ein schriftlicher Erlaß eines Mahnbescheids gegen den Schuldner. Zuständig ist das Amtsgericht des Ortes, in dem der Antragsteller seinen Wohn- oder Firmensitz hat.

Maklervertrag
Ein Auftraggeber verpflichtet sich, dem Makler für die Hilfe beim Zustandekommen eines Vertragsabschlusses eine Provision zu zahlen. Suchen Sie z. B. eine Wohnung oder ein Haus zu mieten oder zu kaufen, werden Sie meist einen Makler beauftragen. Der schließt mit Ihnen einen Maklervertrag, in dem die Höhe der Provision genau festgelegt ist.

Mehrarbeit
Wenn die Arbeitszeit am Tag acht Stunden übersteigt, spricht man von Mehrarbeit. Grundsätzlich ist nur eine Arbeitszeit von bis zu zehn Stunden erlaubt, die in Ausnahmefällen oder durch Tarifvertrag vereinbart werden kann. Für

Mehrarbeit können Sie einen Zuschlag zum normalen Arbeitslohn fordern.

Meineid

Einen Meineid leistet man dann, wenn man vor Gericht wissentlich und vorsätzlich die Unwahrheit sagt, nachdem man vorher geschworen hat, »die Wahrheit und nichts als die Wahrheit« zu sagen, und somit die Wahrheitsfindung behindert.

Meinungsfreiheit

Das Grundgesetz garantiert jedem Bürger die Freiheit zur Meinungsäußerung und die Informationsfreiheit. Hinzu kommen Pressefreiheit sowie die Freiheit der Berichterstattung durch Rundfunk und Film. Eine Zensur darf nicht stattfinden.

Meldepflicht

Wenn Sie eine neue Wohnung beziehen oder aus einer Wohnung ausziehen, müssen Sie sich beim zuständigen Einwohnermeldeamt an- bzw. abmelden. Eine Meldepflicht besteht ebenfalls bei vorübergehendem Hotelaufenthalt (je nach Land), bei Arbeitsunfällen, Geburten, übertragbaren Krankheiten. Speziell Ärzte müssen Geschlechtskrankheiten und bestimmte schwere Krankheiten melden.

Menschenwürde

Artikel 1 des Grundgesetzes sagt: »Die Würde des Menschen ist unantastbar. Sie zu achten und zu schützen ist Verpflichtung aller staatlichen Gewalt.« Als Menschenwürde bezeichnet man den inneren und sozialen Wert eines Menschen. Sie ist jedem angeboren und kann nicht verloren werden. Der Staat ist verpflichtet, allem entgegenzuwirken, was der Würde des Menschen schaden könnte. Er darf den Menschen nicht zum Objekt staatlicher Gewalt degradieren und muß ihn als Person respektieren.

Miete

Wenn Sie eine Sache, die nicht Ihr Eigentum ist, über einen längeren Zeitraum nutzen wollen, ohne sie zu kaufen, können Sie sie mieten. Der Vermieter verpflichtet sich, Ihnen den Gebrauch der Sache zu gewähren, und Sie verpflichten sich zur Zahlung eines vereinbarten Entgelts. Mietgegenstände können sein: Grundstücke, Wohn- oder Arbeitsräume, aber auch Fahrzeuge aller Art, Bücher etc.

Mietkaution

siehe Kaution

Mietwucher

Er ist dann gegeben, wenn ein Vermieter die Notlage, Willensschwäche oder Unerfahrenheit eines Mieters ausnutzt, indem er Mietzahlungen fordert, die in einem auffälligen Mißverhältnis zum Mietwert stehen (also zu hoch sind).

Minderjährigkeit

Eine Person ist minderjährig, wenn sie das 18. Lebensjahr noch nicht vollendet hat.

Mitarbeit

Man unterscheidet die Mitarbeit von Kindern im elterlichen Haus oder Geschäft und die Mitarbeit von Ehegatten im Beruf des Partners. Grundsätzlich ist Mitarbeit unentgeltlich zu leisten; dies ist jedoch nicht Bedingung.

Mitbestimmung

Der Begriff bedeutet, daß Arbeitnehmer an den personellen, wirtschaftlichen und sozialen Entscheidungen eines Unternehmens maßgeblich teilhaben können. Man unterscheidet hier betriebliche Mitbestimmung (über den Betriebsrat) und Unternehmensmitbestimmung (über den Aufsichtsrat).

Miteigentum
Wenn mehrere Personen gemeinschaftlich Eigentümer einer Sache sind, spricht man von Miteigentum. Das Gesamteigentum wird nach Bruchteilen unter den Miteigentümern aufgeteilt.

Mittäterschaft
Davon spricht man, wenn mehrere Personen eine Straftat gemeinschaftlich ausführen. Voraussetzung ist die bewußte und gewollte Zusammenarbeit. Jeder einzelne Täter wird bestraft, auch diejenigen, die lediglich Vorbereitungs- und Beihilfehandlungen ausführten.

Musterung
Sie dient dazu, die Wehrtauglichkeit eines Wehrpflichtigen festzustellen. Die Musterung ist gesetzlich vorgeschrieben und kann im Falle einer Weigerung gerichtlich erzwungen werden. Nach den Untersuchungsergebnissen wird der Musterungsbescheid ausgestellt. Dieser kann binnen zwei Wochen angefochten werden.

Mutterschutz
Der Begriff besagt, daß die werdende Mutter während ihrer Berufstätigkeit vor gesundheitlichen Gefahren geschützt wird. Während der gesamten Schwangerschaft sind schwere Arbeiten untersagt. Sechs Wochen vor und acht Wochen nach der Entbindung besteht ein Beschäftigungsverbot. In der Schwangerschaft und vier Monate danach ist eine Kündigung seitens des Arbeitgebers unzulässig; die Schwangere selbst jedoch kann kündigen. Aber auch dann gilt nach Wiedereinstellung das Arbeitsverhältnis als nicht unterbrochen. Einen Sonderschutz gibt es zusätzlich für stillende Mütter.

N

Nachbarrecht

Der Begriff bezieht sich auf die Belastungen, die ein Grundstück durch Immissionen zu erdulden hat. Ein Grundstückseigentümer muß Einwirkungen durch Gase, Lärm, Erschütterungen u. ä. hinnehmen, wenn die Benutzung des Grundstücks dadurch nicht erheblich eingeschränkt wird. Selbst wenn es Sie persönlich noch so sehr stört: Das Läuten von Kirchenglocken und den Lärm von Kinderspielplätzen müssen Sie dulden.

Nachentrichtung

Voraussetzung für einen ausreichenden Versicherungsschutz ist die rechtzeitige Zahlung der Beiträge. Einen bisher ungenügenden Versicherungsschutz können Sie wieder »auffrischen«, indem Sie Pflichtbeiträge oder freiwillige Beiträge (je nach Versicherungsart) nachträglich entrichten.

Nachlaß

Darunter versteht man nicht nur das gesamte Vermögen des Verstorbenen, das als Erbschaft auf die Erben übergeht, sondern auch die Verbindlichkeiten, also Schulden, die beim Erblasser zum Zeitpunkt seines Todes offenstanden.

Name

Durch den Namen unterscheidet sich eine Person oder Personengruppe von der anderen. Der gesetzliche Name (bürgerliche Name) besteht aus mindestens einem Vornamen und dem Familiennamen. Als Name gilt auch das sogenannte Pseudonym eines Künstlers.

Namensänderung

Bei Eheschließung wird ein Geburtsname von einem der Ehegatten zum gemeinsamen Familiennamen gewählt. Dies ist die eine Form der Namensänderung. Eine andere Möglichkeit zur Namensänderung besteht, wenn der bisherige Name anstößig oder lächerlich ist. Er kann dann auf Antrag beim Landratsamt geändert werden.

Natürliche Person

Gemeint ist schlicht und einfach der Mensch. Die Rechtsfähigkeit beginnt mit der Geburt und endet mit dem Tod. Von der natürlichen ist die juristische Person zu unterscheiden.

Naturschutz

Das Naturschutzgesetz bezeichnet die Natur als Lebensgrundlage für den Menschen und als wichtige Voraussetzung für dessen Erholung. Somit hat es sich der Naturschutz zur Aufgabe gemacht, Natur und Landschaft zu schützen und zu pflegen.

Nebenabreden

Das sind Bestandteile eines Vertrags, die sich nicht auf die wesentlichen Punkte desselben beziehen. Wenn Sie z. B. einen Kaufvertrag abschließen, sind seine wesentlichen Punkte die Bezeichnung der Ware und ihr Preis. Wie und wann Sie die Ware geliefert bekommen, gehört zu den Nebenabreden.

Nebenkläger

Vor Gericht ist es zunächst Sache der Staatsanwaltschaft, Klage zu erheben. Gibt es jemanden, der als Betroffener einer besonders schwerwiegenden Straftat großen Schaden erlitten hat, so kann er sich der Staatsanwaltschaft als Nebenkläger anschließen. Dies gilt z. B. bei Körperverletzung, Sexualdelikten, Geiselnahme u. ä.

nebis in idem

Die lateinische Formel bedeutet »nicht zweimal wegen derselben Tat«. Das Grundgesetz besagt, daß jemand, der wegen einer bestimmten Straftat rechtskräftig verurteilt oder freigesprochen wurde, nicht noch einmal in derselben Sache verfolgt werden darf.

Netzfahndung

Voraussetzung dafür ist der Verdacht auf organisierten Rauschgift- oder Waffenhandel oder auf Bildung einer terroristischen Vereinigung. Die Netzfahndung ist ein polizeilicher Großeinsatz unter Zuhilfenahme elektronischer Datenverarbeitung mit der Unterstützung von Computern. Es ist in diesem speziellen Fall erlaubt, kurzzeitig beliebige Personendaten zu speichern und sie mit den Merkmalen von Straftätern zu vergleichen.

Neutralität

Dieser Begriff aus dem Völkerrecht bedeutet »Nichtbeteiligung an einem Krieg«. Neutrale Staaten dürfen nicht zugunsten eines Kriegsteilnehmers eingreifen. Das Gebiet neutraler Staaten ist unverletzlich. Neutralität gibt es aber auch auf politischem Gebiet, beispielsweise die Neutralität der Schweiz oder Österreichs auch in Friedenszeiten. Ebenfalls neutral ist die Bundesanstalt für Arbeit im Arbeitskampf.

Nichtanzeige geplanter Straftaten

Sie sind grundsätzlich nicht verpflichtet, eine von Ihnen zur Kenntnis genommene Straftat anzuzeigen. Jedoch gibt es Ausnahmen: Wenn Sie von der Planung oder Ausführung besonders schwerer Delikte erfahren (z. B. Mord, Totschlag etc.) und Ihre rechtzeitige Aussage die Tat verhindern würde, sind Sie zur Anzeige verpflichtet. Andernfalls drohen Freiheitsstrafen bis zu fünf Jahren oder Geldstrafe.

Nichteheliche Kinder

Hierunter versteht man Kinder, die von einer unverheirateten Frau geboren wurden. Während ihrer Minderjährigkeit hat die Mutter die elterliche Sorgfaltspflicht. Nichteheliche Kinder haben zu ihrem Erzeuger jedoch ein Verwandtschaftsverhältnis und sind nach ihm erbberechtigt. Sie haben gegenüber der leiblichen Mutter einen rechtlichen Anspruch auf Informationen über ihren Erzeuger, seine Person und seinen Aufenthaltsort.

Nichteheliche Lebensgemeinschaft

Gemeint ist das Zusammenleben zweier Partner ohne amtliche Eheschließung. Sind Kinder vorhanden und dauert das Zusammenleben länger als ein Jahr, besteht die sittliche Pflicht zur Unterhaltsgewähr. Die Kinder bleiben zwar nichtehelich, können aber adoptiert werden.

Niederlassungsfreiheit

Laut Grundgesetz hat jeder Deutsche das Recht, sich an einem beliebigen Ort in der Bundesrepublik niederzulassen. Er kann Grundeigentum erwerben und eine berufliche Tätigkeit seiner Wahl aufnehmen.

Nießbrauch

Der Begriff bedeutet, daß Sie aus einer Sache, die nicht Ihr Eigentum ist, Nutzen ziehen können. Das kann den gesamten Gegenstand betreffen oder auf einzelne Nutzen beschränkt sein. Nießbrauch gibt es bei Grundstücken, Wertpapieren, beweglichen Sachen, Vermögen (z. B. Erbschaft) etc. Als Nießbraucher sind Sie für die Erhaltung der Sache verantwortlich und müssen eventuelle Unterhaltskosten selber tragen.

Nötigung

Wenn jemand Sie unter Androhung von körperlicher (z. B. Schläge) oder seelischer Gewalt (z. B. Kündigung des Arbeitsverhältnisses, Gewaltandrohung gegenüber Personen, die Ihnen nahestehen) zu einer ungewollten Tat oder einem ungewollten Verhalten zwingt, spricht man von Nötigung.

Notar

Er ist im Auftrag der Rechtspflege für die Beurkundung von Rechtsgeschäften zuständig. Für seine Tätigkeiten erhält der Notar Gebühren. Er ist unparteiisch und zur Verschwiegenheit verpflichtet.

Notwehr

Wenn jemand Sie an Körper, Eigentum, Ehre o. ä. angreift, ist Ihnen jede Handlung gestattet, die Ihrer akuten Verteidigung dient. Handlungen in Notwehr stehen nicht im Gegensatz zum Gesetz, selbst wenn dies auf den ersten Blick so scheinen mag. Notwehr liegt nur dann vor, wenn der Angriff rechtswidrig ist, direkt bevorsteht und die Verteidigung zur Abwehr unbedingt erforderlich ist.

O

Öffentlicher Dienst

Das ist die Gesamtheit der beruflichen Tätigkeiten im Dienste des Staates oder einer anderen juristischen Person. Im öffentlichen Dienst arbeiten z. B. Beamte, Richter, Soldaten oder auch Minister.

Offenbarungseid

Ist ein Schuldner gegenüber einem Gläubiger zahlungsunfähig, muß er vor dem Amtsgericht einen Offenbarungseid ablegen. Damit wird eidesstattlich versichert, daß der Schuldner ohne Vermögen ist. Er wird daraufhin in ein sogenanntes Schuldnerverzeichnis eingetragen.

Opferentschädigung

Wenn Sie durch einen rechtswidrigen Angriff auf Ihre Person Gesundheitsschäden davongetragen haben, steht Ihnen eine Opferentschädigung nach dem Opferentschädigungsgesetz zu.

Opposition

Die Opposition im politischen Sinne ist die Gegenseite der Regierung. Sie besteht aus einer oder mehreren Fraktionen, kritisiert die Regierungspolitik und bietet eine Alternative zur Regierungsmehrheit. Sie ist unerläßlich im Willensbildungsprozeß einer Demokratie.

Optionsrecht

Das Optionsrecht wird vertraglich vereinbart. Jemand, der einen bestimmten Gegenstand erst in Zukunft veräußern will, sichert einem anderen zu, daß dieser ihn im Verkaufsfall zuerst angeboten bekommt. Es ist also praktisch eine Vorstufe zum Kaufvertrag, in dem der Verkäufer sich an einen bestimmten Käufer bindet.

Ordentliche Gerichte

Darunter fallen Amtsgerichte, Landgerichte, Oberlandesgerichte, das Bayerische Oberste Landesgericht und der Bundesgerichtshof. In allen Zweifelsfällen haben diese Gerichte Zuständigkeit.

Ordnungsgeld

Ordnungsgeld wird erhoben, wenn dies zu einer ordnungsgemäßen Abwicklung vor Gericht notwendig ist. Gegen Zeugen oder Sachverständige, die trotz Vorladung einem Gerichtsverfahren fernbleiben, kann ein Ordnungsgeld erhoben werden.

Ordnungswidrigkeiten

Hierunter versteht man Handlungen, die sich gegen die bestehende Rechtslage richten. Es sind allerdings keine kriminellen Straftaten, da sie einen weniger schwerwiegenden Verstoß gegen das Gesetz darstellen.

Organisierte Kriminalität

Darunter versteht man z. B. den breitgefächerten illegalen Rauschgifthandel, schweren Bandendiebstahl und andere Straftaten im großen Stil. Die organisierte Kriminalität erfordert außerdem besondere Ermittlungsmethoden, wie Rasterfahndung oder den Einsatz von verdeckten Ermittlern, Abhör- und sonstigen Überwachungsanlagen u. ä.

P

Pacht

Im Unterschied zum Mieter hat der Pächter das Recht nicht nur zum Gebrauch, sondern auch zur Nutzung der gepachteten Sache (z. B. Ernteertrag). Eine Pacht kann sich auch auf Rechte beziehen (z. B. Patentrecht).

Parlament

Das Parlament ist in der Demokratie die Vertretung des Volkes. Von besonderer Bedeutung ist in diesem Zusammenhang, daß das Parlament die gesetzgebende Gewalt ausübt.

Parken

Wenn Sie Ihr Fahrzeug auf einem öffentlichen Verkehrsgebiet länger als drei Minuten abstellen, parken Sie.

Parteien

In der Rechtsprechung sind alle Personen, die an einem Rechtsverhältnis (Vertrag) mit den jeweiligen Rechten und Pflichten beteiligt sind, Parteien. Beispiel: Wenn Sie ein Auto kaufen wollen, sind Sie und der Verkäufer Parteien eines Kaufvertrags. Parteien im politischen Sinne sind Gruppierungen, die mit einem eigenen Programm bei der Willensbildung des Volkes mitwirken.

Paß

Deutsche Staatsangehörige, die das Gebiet der Bundesrepublik über eine Landesgrenze verlassen oder betreten, sind laut Paßgesetz verpflichtet, sich durch einen Paß auszuweisen, d. h. Angaben über ihre Person zu machen. Beim Verkehr zwischen einigen ausländischen Staaten genügt auch der Personalausweis. Neben einem Lichtbild sind im Paß folgende Angaben enthalten: alle Namen und Vornamen des Inhabers, ggf. Geburtsname oder Künstlername, Doktorgrad, Geburtsdatum und -ort, Geschlecht, Größe, Augenfarbe, Wohnort, Staatsangehörigkeit. Zur Ausstellung eines Passes ist ein Antrag notwendig. Dieser kann zurückgewiesen werden, wenn der begründete Verdacht besteht, daß der Antragsteller die innere oder äußere Sicherheit der Bundesrepublik gefährdet.

Patent
Ein Patent ist eine vom Patentamt in München ausgestellte Urkunde, die es einem Erfinder – und nur ihm – gegen eine Gebühr erlaubt, seine neue, gewerblich verwertbare Erfindung in einem Zeitraum von zwanzig Jahren zu nutzen. Neu ist eine Erfindung dann, wenn sie in den letzten hundert Jahren noch nicht genutzt wurde.

Persönlichkeitsrecht
Das Grundgesetz besagt, daß der einzelne Mensch ein Recht auf Achtung seiner Würde und seines Eigenwertes als Person hat. Jeder hat ein Recht auf freie Entfaltung der Persönlichkeit, soweit sie nicht die Rechte anderer verletzt.

Person
In der Rechtsprechung unterscheidet man natürliche und juristische Personen. Eine natürliche Person ist jeder lebende Mensch. Organisationen sind juristische Personen, also Gemeinschaften, die einem bestimmten gemeinsamen Zweck dienen.

Personalausweis
Jeder Meldepflichtige, der sein 16. Lebensjahr vollendet hat, ist zum Besitz eines Personalausweises verpflichtet. Dieser muß auf Verlangen z. B. der Polizei vorgelegt werden. Der

Personalausweis muß nicht mitgeführt werden, wenn man sich durch seinen Paß ausweisen kann.

Personalien

Wenn die Polizei zur Klärung einer Sache Ihre Personalien feststellen muß, wird Ihre Identität überprüft. Das bedeutet: Bestimmung Ihres Namens, Geburtsortes und -datums, Ihres Berufes und Ihrer Adresse.

Personenstand

Hierunter versteht man die Art der Zugehörigkeit einer Person zu einer bestimmten Familie. Der Personenstand ist im Standesamt in den Personenstandsbüchern beurkundet, in denen sich Angaben über Geburt, Eheschließung und Tod befinden.

Pfändung

Besitzt ein Gläubiger gegenüber einem Schuldner eine Geldforderung und ist dieser zahlungsunfähig, so kann eine Beschlagnahme von Vermögensgegenständen vorgenommen werden, wenn ein dementsprechendes Urteil vorliegt. Durch Anlegen einer Siegelmarke (im Volksmund »Kuckuck« genannt) durch den Gerichtsvollzieher werden bewegliche Sachen – also z. B. Einrichtungsgegenstände in einer Wohnung – gepfändet.

Pflegegeld

Wer unfallversichert ist und durch Arbeitsunfall oder Berufskrankheit pflegebedürftig wird, erhält von der Unfallversicherung Pflegegeld.

Pflegekinder

Gemeint sind Kinder unter 18 Jahren, die sich außerhalb des Elternhauses in der Pflege einer anderen Familie befinden (nicht bei Verwandten). Die Pflegeeltern benötigen die Erlaubnis des Jugendamtes.

Pflegeversicherung
Eine Pflegeversicherung schließt man ab, um eine in späterer Zukunft liegende Pflegebedürftigkeit finanziell abzusichern.

Pflichtteil
Im Falle einer Enterbung hat der Betroffene (Ehegatte, Kinder, Eltern) Anspruch auf einen Pflichtteil, und zwar auf die Hälfte des gesetzlichen Erbteils.

Pflichtversicherung
Das ist eine Versicherung, deren Abschluß gesetzlich vorgeschrieben ist. Ein Beispiel ist die Haftpflichtversicherung für Kfz-Halter. Im Privatrecht wird in besonderen Fällen der Nachweis einzelner Versicherungen verlangt. Wenn Sie z. B. ein Darlehen für einen Hausbau beantragen, müssen Sie eine Brandversicherung abschließen.

Pflichtverteidiger
Das ist ein vom Gericht bestellter Rechtsanwalt, dessen Kosten der Staat trägt. Bei schwieriger Rechtslage, drohendem Berufsverbot oder auch bei Verbrechen, bei denen die Haft länger als drei Monate andauert, muß ein Pflichtverteidiger benannt werden.

Politische Straftaten
Straftaten, die sich gegen die Verfassung der Bundesrepublik richten, sind politische Straftaten. Dazu gehören Hochverrat, Landesverrat u. ä.

Polizeistunde
Laut Gaststättengesetz sind Schank- und Speisewirtschaften sowie öffentliche Vergnügungsstätten verpflichtet, eine Sperrzeit einzuhalten. Sie besteht in der Regel zwischen ein Uhr und sechs Uhr. Je nach öffentlichem Bedürfnis kann die Polizeistunde jedoch individuell aufgehoben, verkürzt oder verlängert werden.

Preisausschreiben

Wenn Sie an einem Preisausschreiben teilnehmen, hoffen Sie, daß Sie derjenige sind, der unter vielen anderen Bewerbern für eine erbrachte Leistung belohnt wird. Ein oder mehrere Preisrichter entscheiden, ob eine Leistung den Anforderungen entspricht und welcher Bewerber den Preis erhält. Ein Preisausschreiben ist nur dann gültig, wenn eine Bewerbungsfrist bekanntgemacht wird.

Preise

Ein Preis ist das Entgelt zum Erwerb einer Sache. Wer in Schaufenstern, Verkaufsräumen oder Katalogen Waren zum Verkauf anbietet, muß sie preislich auszeichnen. In Gaststätten sind mit Preisen ausgestattete Speise- und Getränkekarten Pflicht. An Tankstellen sind Großtafeln vorgeschrieben.

Privatautonomie

Der Begriff bedeutet, daß der einzelne die Befugnis hat, ein eigenes Rechtsverhältnis im Rahmen der Rechtsordnung zu gründen, zu ändern oder aufzuheben und es eigenverantwortlich zu gestalten. Die Privatautonomie kommt besonders in der Gestaltung von Verträgen zum Tragen.

Privatklage

Im Strafprozeß kann ein durch ein besonders schwerwiegendes Vergehen Betroffener neben der Staatsanwaltschaft vor Gericht Privatklage erheben. Dies trifft zu bei Delikten wie Körperverletzung, Beleidigung, Hausfriedensbruch u. ä. Der Betroffene tritt dann als Nebenkläger auf.

Privatrecht

Hierunter versteht man die Gesamtheit aller Gesetze, welche die Beziehungen einzelner untereinander regeln. Hauptbestandteil des Privatrechts ist das Bürgerliche Gesetzbuch (BGB).

Produkthaftung

Wenn Sie ein fehlerhaftes Produkt erstehen, dessen Mängel Ihnen Schaden zufügen, so haftet der Hersteller der Ware dafür.

Prokura

Prokura ist die Vollmacht, alle Arten gerichtlicher und außergerichtlicher Rechtsgeschäfte und -handlungen vornehmen zu dürfen, die in einem Gewerbebetrieb anfallen können. Der Prokurist wird von einem Vollkaufmann eingesetzt.

Prostitution

Gemeint ist das Anbieten von Liebesdiensten (Geschlechtsverkehr u. ä.) gegen Geld. Ihre Ausübung als solche ist straffrei. Sie ist lediglich zu bestimmten Tageszeiten (Sperrzeiten) untersagt und an bestimmte Orte (Sperrbezirk) gebunden.

Prozeßfähigkeit

Wenn Sie geschäftsfähig sind, sind Sie auch prozeßfähig. Das bedeutet: Sie sind imstande, durch Abgabe von Erklärungen und Anträgen sowie durch Beauftragung eines Anwalts aktiv an einem Prozeß teilzunehmen.

Q

Quellensteuer
Die Quellensteuer ist eine Steuer, die nicht durch nachträgliche Veranlagung festgelegt, sondern von vornherein abgezogen, also bereits an der »Quelle« erhoben wird (Beispiele: Lohnsteuer, Kapitalertragssteuer). Die Quellensteuer bei Lohn oder Gehalt wird vom Arbeitgeber im voraus abgeführt.

Quittung
Das ist eine schriftliche Empfangsbestätigung, die ein Gläubiger einem Schuldner auf Verlangen ausstellen muß, wenn letzterer seine Schulden beglichen hat. Sie dient als Beweismittel dafür.

Quotenregelung
Parteien, Verbände und öffentliche Dienste sind verpflichtet, ihre Tätigkeitsbereiche mit einem bestimmten Prozentanteil eines Geschlechts (speziell Frauen) zu besetzen.

R

Rabatt

Der Begriff besagt, daß auf den eigentlichen Kaufpreis einer Ware ein Nachlaß gewährt wird. Arten des Rabatts:

① Barzahlungsnachlaß: Wenn eine Ware oder Leistung sofort nach Erhalt bezahlt wird, ist ein Nachlaß von 3 % (Skonto) möglich.

② Mengenrabatt: Wenn Waren gleicher Art in größeren Stückzahlen abgenommen werden, ist entweder ein Preisnachlaß oder die Zugabe weiterer Stücke möglich, sofern dies handelsüblich ist.

③ Sondernachlässe, z. B. für Betriebsangehörige zu deren Eigenbedarf.

④ Treuevergütung: Einer Gruppe von Waren werden Gutscheine beigelegt. Diese können Sie sammeln und bei Vorlage einer bestimmten Anzahl gegen Bargeld eintauschen.

Räumungsklage

Endet ein Mietverhältnis vertragsgerecht, ist der Mieter verpflichtet, die von ihm benutzten Räumlichkeiten zu räumen. Tut er dies nicht, kann der Vermieter die Zwangsräumung mittels einer Räumungsklage durchsetzen.

Ratenkauf

Wenn Sie eine kostspielige Sache erwerben wollen, ist es nach Absprache mit dem Verkäufer möglich, den Kaufpreis in Teilzahlungen nach und nach zu begleichen. Das trifft z. B. auf den Autohandel zu; viele Versandhäuser oder Großmärkte bieten jedoch auch bei kleineren Artikeln Ratenkauf an.

Ratifizierung

Ein völkerrechtlicher Vertrag, der von der Zustimmung innerstaatlicher Organe abhängig ist, erlangt erst dann Gültigkeit, wenn der Vertragsinhalt von diesen rechtmäßig beurkundet wurde. Danach werden die Ratifikationsunterlagen ausgetauscht. In Deutschland benötigen völkerrechtliche Verträge die Zustimmung von Bundestag und Bundesrat.

Raub

Raub begeht, wer einem anderen eine Sache rechtswidrig entwendet, und zwar mit Gewalt oder unter Androhung von Gewaltanwendung. Raub ist somit Diebstahl mit den Mitteln der Nötigung.

Rauchverbot

Kindern und Jugendlichen unter 16 Jahren ist das Rauchen in der Öffentlichkeit untersagt. Erwachsene, die sie zu einem solchen Verhalten animieren und es fördern, begehen eine Ordnungswidrigkeit. Rauchverbot gilt für jeden (z. B. im Sommer in Waldgebieten) zum Schutz vor Brandgefahr.

Rechnungswesen

So nennt man das Verfahren, mit dem über die Einnahmen und Ausgaben des Staatshaushalts Rechenschaft abgelegt wird. Das Rechnungswesen umfaßt die Haushaltsrechnung und die Vermögensrechnung. Prüfstelle ist der Rechnungshof.

Recht

Das ist der Oberbegriff für alle Gesetze, die in einem bestimmten Bereich zu einer bestimmten Zeit gelten. Der Staat garantiert ihre Überwachung und Durchsetzung.

Rechtliches Gehör

Jeder hat nach dem Grundgesetz das Recht auf rechtliches Gehör. Durch dieses Grundrecht ist das Gericht verpflichtet, die Aussagen sämtlicher Beteiligter an einem Prozeß zur Kenntnis zu nehmen und für die Wahrheitsfindung in Erwägung zu ziehen.

Rechtsanwalt
Ein Rechtsanwalt ist ein unabhängiger Berater in allen Fragen der Rechtsprechung. Er muß die Befähigung zum Richteramt erlangt haben, bei einem Gericht der ordentlichen Gerichtsbarkeit zugelassen sein, in seinem Bezirk seinen Wohnsitz nehmen und am Ort des Zulassungsgerichts eine Kanzlei eröffnen. Er kann sich auch spezialisieren: Es gibt Anwälte für Arbeitsrecht, Patentrecht, Familienrecht, Strafrecht und anderes mehr.

Rechtsbehelf
Sind Sie von einer behördlichen oder gerichtlichen Maßnahme betroffen, können Sie, sofern die vorgeschriebenen Voraussetzungen erfüllt sind, dagegen protestieren. Diesen Vorgang nennt man Rechtsbehelf. Er führt zur erneuten Überprüfung der Sachlage durch die gleiche oder eine übergeordnete Stelle.

Rechtsberatung
Dazu sind neben wenigen Ausnahmen (z. B. Wirtschaftsprüfer oder Steuerberater für bestimmte Rechtsbereiche) nur Anwälte und Rechtsbeistände befugt. Sie wickeln gegen Entgelt fremde Rechtsgeschäfte ab.

Rechtsbeugung
Diese Amtspflichtverletzung begehen Richter oder andere Amtsträger, wenn sie zugunsten einer Partei in einem Rechtsstreit widerrechtlich entscheiden.

Rechtsfähigkeit
Sie beginnt mit der Geburt eines Menschen und endet mit seinem Tod. Der Begriff besagt, daß der Mensch fähig ist,

Rechte und ab einem bestimmten Alter auch Pflichten zu tragen.

Rechtsgeschäft

Hierunter versteht man, daß jemand eine oder mehrere Willenserklärungen abgibt, um einen rechtlichen Erfolg zu erlangen. Es gibt *mehrseitige* Rechtsgeschäfte, bei denen mehrere Parteien ein und dasselbe rechtliche Ziel vor Augen haben (z. B. Vertrag), und *einseitige* Rechtsgeschäfte, bei denen die Willenserklärung nur einer Person vorliegt (Testament).

Rechtshilfe

Ein Gericht kann ein anderes ersuchen, ihm bei der Lösung eines Rechtsfalles mit Amtshandlungen behilflich zu sein. Alle Gerichte sind zur Rechtshilfe verpflichtet, wenn die vorzunehmende Handlung nicht die Gesetze des ersuchten Gerichtes verletzt.

Rechtskraft

Eine Entscheidung des Gerichts ist dann rechtskräftig, also endgültig, wenn sie durch Rechtsmittel nicht mehr angefochten werden kann. Man spricht dann von formeller Rechtskraft. Materielle Rechtskraft setzt die formelle voraus und bedeutet, daß die Gerichtsentscheidung für alle Parteien maßgebend ist und über dieselbe Sache nicht noch einmal entschieden werden kann.

Rechtsmittel

Sie werden benötigt, um die Entscheidung eines Gerichts durch ein höheres Gericht zu überprüfen. Rechtsmittel sind Berufung, Revision und Beschwerde.

Rechtsschutz

Wer bei Streitigkeiten sein Recht durchsetzen will, darf nicht eigenmächtig handeln. Er muß sich grundsätzlich an die

Stellen wenden, die für die Rechtsprechung gesetzlich zuständig sind, also im wesentlichen an die Gerichte.

Rechtsweg

Über den Rechtsweg kann man Rechtsstreitigkeiten vor einem staatlichen Gericht verhandeln lassen.

Rechtswidrigkeit

Sie besteht dann, wenn eine Handlung gegen das objektive Recht verstößt. Das kann zum einen eine sogenannte unerlaubte Handlung sein und zum anderen eine Handlung, die einen Straftatbestand darstellt.

Regierung

Sie leitet den Staat, steht an der Spitze der vollziehenden Gewalt und setzt sich aus dem Regierungschef sowie den Ministern und Staatssekretären zusammen. In einem Rechtsstaat benötigt sie das Vertrauen des vom Volk gewählten Parlaments.

Regierungskriminalität

Wenn ein Mitglied der Regierung oder ein anderer Inhaber einer politischen Machtposition eine Straftat mit Hilfe und in Ausübung seiner Position begeht, spricht man von Regierungskriminalität.

Rehabilitation

Im Strafprozeß bedeutet »Rehabilitation« die Wiederherstellung der Ehre einer Person, die zu Unrecht verurteilt wurde. Es erfolgt Freispruch und Aufhebung des Falschurteils. In der Sozialversicherung sind Rehabilitationsmaßnahmen medizinische und berufsfördernde Leistungen, welche die Wiedereingliederung Behinderter ins Berufs- und Gesellschaftsleben ermöglichen sollen.

Rehabilitierung

Das ist die nachträgliche Rücknahme eines Strafurteils, wobei dem Betroffenen die Schäden, die ihm durch die Strafverfolgung entstanden sind, ersetzt werden müssen.

Reisegewerbe

Ein Reisegewerbe betreibt, wer Waren oder gewerbliche Leistungen nicht in festen Geschäftsräumen vertreibt, sondern dies im Umherziehen tut, also beispielsweise auf Jahrmärkten Schaustellungen oder Musikaufführungen darbietet.

Reisevertrag

Hierdurch verpflichtet sich ein Reiseveranstalter, gegen vereinbartes Entgelt dem Reisenden eine Summe von Reiseleistungen zu erbringen. Der Reisevertrag ist Teil der sogenannten Pauschalreise.

Relative Rechte

Das sind Rechte, die nur gegenüber einer ganz bestimmten Person bestehen. Voraussetzung dafür ist ein Schuldverhältnis. Wenn Sie z. B. etwas kaufen, selbst wenn es nur eine Orange ist, hat der Verkäufer Ihnen gegenüber das Recht auf Zahlung des Kaufpreises.

Religionsfreiheit

Das Grundgesetz garantiert jedem, daß er seinen Glauben und seine Weltanschauung selbst aussuchen und danach leben kann.

Rentenversicherung

Sie ist ein Zweig der Sozialversicherung. Die Rentenversicherung ist gesetzlich verankert und gewährt neben medizinischen Leistungen Renten wegen Überschreitung der Altersgrenze, verminderter Erwerbsfähigkeit und wegen Todes. (Siehe auch Altersrente)

Republik

Die Republik ist eine Staatsform, in der das Staatsoberhaupt durch das Volk bzw. durch dessen Repräsentanten gewählt wird.

Revision

So nennt man das Rechtsmittel, mit dem Urteile auf juristische Fehler überprüft werden.

Richter

Im Rechtsstaat sind Richter allein dem Gesetz unterworfen und haben die rechtsprechende Gewalt inne. Die Befähigung zum Richteramt erlangen sie in Deutschland durch die Erste und Zweite juristische Staatsprüfung.

S

Sachbeschädigung

Wenn jemand eine Sache mit voller Absicht beschädigt oder zerstört, begeht er Sachbeschädigung. Beschädigt ist eine Sache dann, wenn man sie über einen längeren Zeitraum nicht benutzen kann. Zerstört ist sie, wenn sie völlig unbrauchbar und nicht zu reparieren ist.

Sachen

So nennt das Gesetz körperliche Gegenstände. Man unterscheidet hier:

① bewegliche Sachen (im Gegensatz zu unbeweglichen Sachen wie z. B. Grundstücken),
② vertretbare Sachen (sie werden nach Zahl, Maß oder Gewicht bestimmt),
③ verbrauchbare Sachen (z. B. Lebensmittel),
④ Gattungssachen (die nur dem Typ nach bestimmt werden) und
⑤ wesentliche Bestandteile einer Sache (z. B. Häuser auf einem Grundstück).

Schadensersatz

Wenn Ihnen jemand durch falsches Handeln oder Unterlassen einer Handlung Schaden (an einer Sache) zufügt, können Sie Schadensersatz fordern. Der Schädiger ist dann verpflichtet, den Zustand wiederherzustellen, der vor Anrichten des Schadens bestand. Das kann durch Reparaturarbeiten oder durch Zahlung von Geldbeträgen geschehen.

Schatz

Ein Schatz ist eine Sache, die so lange verborgen gelegen hat, daß der Eigentümer nicht mehr zu ermitteln ist. Wenn Sie einen Schatz finden, gehört sein Wert zur einen Hälfte Ihnen als Finder und zur anderen Hälfte dem Eigentümer des Grundes und Bodens, auf dem der Schatz gefunden wurde.

Schenkung

Sie liegt vor, wenn jemand aus seinem Vermögen einen anderen unentgeltlich bereichert. Beide Seiten müssen sich über die Unentgeltlichkeit des Vorgangs einig sein. Gegenstände der Schenkung können Geldbeträge sein, aber auch Rechte, Sachen oder Handlungen. Für Schenkungen ab einem bestimmten Wert oder einer bestimmten Summe erhebt der Staat Schenkungssteuer.

Schlechtwettergeld

Wenn ein Bauarbeiter aufgrund widriger Witterungsumstände seiner geregelten Arbeit nicht mehr nachkommen kann und dadurch einen Verdienstausfall erleiden würde, zahlt ihm das Arbeitsamt als Ausgleich dafür Schlechtwettergeld. Dem Arbeitgeber obliegt es, den Arbeitsausfall mitzuteilen.

Schlüsselgewalt

Wenn Sie verheiratet sind, haben sowohl Ihr Ehepartner als auch Sie selbst die Berechtigung, Geschäfte zu tätigen, die den Lebensbedarf der Familie decken sollen (z. B. Kauf von Lebensmitteln, neuen Möbeln etc.).

Schmerzensgeld

Es wird gezahlt, wenn jemand durch eine unerlaubte Handlung Schaden an Leib und Gesundheit erleidet. Der Betroffene hat Anspruch nicht nur auf den materiellen (finanziellen) Ersatz, sondern auch auf Ersatz bei immateriellen Schäden (z. B. Schmerzen).

Schöffen

Gemeint sind Richter, die ehrenamtlich arbeiten. Sie werden im Strafprozeß bei schweren Delikten berufen. Gewählt werden sie alle vier Jahre von der Gemeinde, der eine Vorschlagsliste vorliegt.

Schönheitsreparaturen

Hierunter fallen alle kleineren Arbeiten in einer Wohnung, die diese in gebrauchsfähigem Zustand halten (z. B. Streichen der Wände).

Schreibtischtäter

Ein Schreibtischtäter ist derjenige, der andere aufgrund seiner bürokratischen Macht zu Straftaten anstiftet. Während seine Untergebenen unerlaubte Handlungen begehen, bleibt der Schreibtischtäter selbst im Hintergrund und dem tatsächlichen Tatort fern.

Schriftform

Der Begriff bedeutet, daß eine Erklärung schriftlich abgefaßt wird und vom Erklärenden mittels seiner eigenhändigen Unterschrift abgeschlossen werden muß.

Schuld

Strafrechtlich besagt der Begriff »Schuld«, daß der Täter sein Handeln und die Folgen seines Handelns billigend in Kauf nimmt und sich über die Fahrlässigkeit seines Tuns im klaren ist. Unbewußt fahrlässig handelt er, wenn er eine Schadenverursachung nicht vorausgesehen hat, obwohl er es gekonnt hätte.

Schuldnerverzeichnis

Das ist eine Liste mit den Namen von Schuldnern, die vor dem Amtsgericht ihre Vermögenslosigkeit durch den Offenbarungseid beurkunden mußten. Die Eintragungen können auf Antrag nach drei Jahren oder nach Begleichung der

Schuld gelöscht werden. Grundsätzlich darf jeder diese »schwarze Liste«, wie sie auch genannt wird, einsehen.

Schuldschein

So nennt man eine Urkunde, in der ein Schuldner seinem Gläubiger bestätigt, daß er in seiner Schuld steht. Der Gläubiger ist Eigentümer des Schuldscheins.

Schulpflicht

Sie besteht vom vollendeten sechsten Lebensjahr an und beginnt mit dem Besuch der Volksschule (Grund- und Hauptschule). Der Besuch weiterführender Schulen (z. B. Realschule, Gymnasium, Fachoberschule) ist freiwillig; jedoch unterliegen auch Schüler dieser Schultypen der Schulpflicht, die bis zum vollendeten 18. Lebensjahr dauert. Bis zu diesem Alter ist auch der Besuch einer Berufsschule Pflicht.

Schwarzarbeit

Von Schwarzarbeit spricht man, wenn jemand einer bezahlten Arbeit nachgeht, ohne sich bei den zuständigen Behörden (Finanzamt, Krankenkasse usw.) angemeldet zu haben, was gesetzlich vorgeschrieben ist. Wer sich durch Schwarzarbeit wirtschaftlich bereichert, begeht eine Ordnungswidrigkeit und kann mit einer Geldstrafe von bis zu 50 000 Mark belegt werden.

Schwarzfahrer

Wer öffentliche Verkehrsmittel benutzt, ohne das dafür erforderliche Beförderungsentgelt zu leisten, ist ein Schwarzfahrer. Wird er ertappt, muß er einen erhöhten Fahrpreis (meist vierzig bis sechzig Mark) entrichten.

Schwerbehinderte

Das sind Personen, deren Grad der körperlichen, geistigen oder seelischen Behinderung 50 % überschreitet.

Schwurgericht

Das Schwurgericht ist die große Strafkammer des Landgerichts, die mit drei Berufsrichtern und zwei Schöffen besetzt ist. Sie ist insbesondere für die Verhandlung von Kapitalverbrechen (z. B. Mord und Totschlag) zuständig.

Selbstmord

Er ist laut Gesetzestext – sofern dies möglich wäre – straffrei. Auch der Versuch und die Beihilfe dazu werden nicht geahndet. Ausnahmen bestehen allerdings bei Ärzten u. ä. sowie Angehörigen. Sie haben die Pflicht, den Selbstmord eines anderen zu verhindern, wenn dies möglich ist. Wer einen psychisch Kranken in den Selbstmord treibt, begeht ein Tötungsdelikt.

Sexualstraftaten

Wer andere mit Gewalt oder mit der Drohung von Gewalt gegen ihren Willen zu sexuellen Handlungen zwingt, begeht Sexualstraftaten. Dazu gehören sexueller Mißbrauch von Schutzbefohlenen, Kindern, Gefangenen, Leuten, die keinen Widerstand leisten können, natürlich auch Vergewaltigung etc.

Sicherheitsleistung

Sie dient dazu, mögliche Gefahren oder Nachteile, die in der Zukunft bei Rechtsgeschäften eintreten könnten, abzuwenden. Dies kann z. B. durch Hinterlegung von Geldbeträgen oder Wertpapieren geschehen. Auch die Hypothek ist eine Sicherheitsleistung.

Sicherungsübereignung

Eine Sicherungsübereignung findet statt, wenn das Vermögen eines Schuldners zur Sicherung der Forderungen einem Gläubiger übereignet wird. Der Schuldner bleibt zwar im Besitz seines Vermögens, der Gläubiger jedoch wird zum vorübergehenden Eigentümer, bis die Schuld beglichen ist.

Sicherungsverwahrung

Diese Form des Freiheitsentzugs dient dem Versuch der Besserung und Maßregelung besonders gefährlicher, potentieller Straftäter zum Schutz der Allgemeinheit.

Siegelbruch

Wer ein dienstliches Siegel (z. B. den »Kuckuck« des Gerichtsvollziehers) beschädigt, ablöst oder unkenntlich macht, handelt rechtswidrig und wird mit Geldstrafe oder mit Freiheitsentzug bis zu einem Jahr belegt.

Sozialer Wohnungsbau

Gemeint ist der Bau von Wohnungen, für den Zuschüsse oder Darlehen aus öffentlichen Mitteln bereitgestellt werden. Wer eine Sozialwohnung beziehen möchte, benötigt eine Bescheinigung der zuständigen Behörde (Sozialamt).

Sozialhilfe

Diese kann vom Staat jeder beantragen, der in eine finanzielle Notlage geraten ist, aus der er aus eigener Kraft nicht mehr herauskommt. Bezahlt wird soviel, wie zum Existenzminimum nötig ist, also zur Bedarfsdeckung von Ernährung, Unterkunft, Heizung u. ä. Sozialhilfe kann aber auch in besonderen Lebenslagen gezahlt werden, also z. B. für Ausbildung, Erholung, bei Blindheit oder ggf. im Alter.

Sozialplan

Er kann zwischen Unternehmer und Betriebsrat ausgehandelt werden, um im Falle einer innerbetrieblichen Änderung oder Stillegung die Nachteile für die Arbeitnehmer zu mindern oder auszugleichen.

Sozialversicherung

Die Sozialversicherung ist eine Pflichtversicherung für Arbeitnehmer. Sie gliedert sich in Kranken-, Renten-, Arbeitslosen- und Unfall- sowie die Pflegeversicherung.

Sparbuch

Wenn Sie ein Sparbuch haben, besitzen Sie eine Urkunde, die bezeugt, daß Sie gegenüber der Bank eine Geldforderung haben. Zahlen Sie selbst ein, können Sie entscheiden, ob Sie oder ein anderer Nutznießer der Forderungen sein soll.

Staat

Der Staat ist die politische Organisation eines Volkes. Er verfügt über ein Staatsgebiet und übt die Staatsgewalt aus, der keine andere Gewalt übergeordnet ist.

Staatsangehörigkeit

Das ist das Rechts- und Schuldverhältnis zwischen den Staatsbürgern und dem Staat. Man kann die Staatsangehörigkeit durch Einbürgerung erwerben oder durch Geburt, wenn bei ehelichen Kindern ein Elternteil deutsch ist. Bei nichtehelichen Kindern ist die Staatsangehörigkeit der Mutter maßgebend.

Staatsanwaltschaft

Diese Behörde hat im Strafprozeß folgende Aufgaben: Strafverfolgung, oberste Leitung der Ermittlungen, Erhebung und Vertretung der Anklage und Strafvollstreckung.

Standesbeamter

Er ist zuständig für die Beurkundung des Personenstandes und bestellt das der Eheschließung vorausgehende Aufgebot. Die Ehe muß vor ihm geschlossen werden. Jede Gemeinde hat mindestens einen Standesbeamten, in kleineren Ortschaften ist der Bürgermeister gleichzeitig Standesbeamter.

Stellvertretung

Hierunter versteht man die Abwicklung von Rechtsgeschäften oder die Abgabe von Willenserklärungen in fremdem Namen. Sie ist nur dann gültig, wenn sie gesetzlich verankert ist (z. B. Eltern gegenüber minderjährigen Kindern) oder wenn eine vertragliche Vereinbarung besteht (Vollmacht). Vertragspartner ist in jedem Fall der Vertretene, nicht der Vertretende.

Sterbegeld

Wenn ein Mitglied der Krankenkasse stirbt, zahlt diese ein Sterbegeld an denjenigen Familienangehörigen, der die Bestattung finanziert hat. Anspruch darauf hat aber nur, wer vor dem 1. 1. 1989 in die gesetzliche Krankenversicherung eingetreten ist.

Sterbehilfe

Wer das Ableben eines Todkranken beschleunigt, leistet Sterbehilfe. Dies stellt ein Tötungsdelikt dar und ist somit strafbar. Hat der Kranke ein ernsthaftes Verlangen ausgesprochen, ist Strafmilderung möglich. Sterbehilfe wird höchstens dann nicht geahndet, wenn durch die Verabreichung von Betäubungsmitteln der Todeskampf erleichtert wird oder wenn die Todesqualen durch Abschalten lebenserhaltender Geräte beendet werden.

Sterilisation

Das ist ein Eingriff des Arztes mit dem Ziel, einen Patienten oder eine Patientin unfruchtbar zu machen. Der Betreffende muß mindestens 25 Jahre alt sein, und seine Einwilligung muß vorliegen. Beim Mann geschieht die Sterilisation durch Unterbindung der Samenleiter, bei der Frau durch Herausnehmen von Eileitern und/oder Gebärmutter. Hoden bzw. Eierstöcke und damit auch die Sexualkraft bleiben erhalten. Bei der Kastration hingegen werden auch diese Organe entfernt.

Erlaubt ist Kastration bei Männern in Sonderfällen auch, um einen abnormen Geschlechtstrieb und die daraus bedingten Krankheiten zu beseitigen. Dies geschieht auf Antrag eines Betreuers, Pflegers o. ä.

Steuerbescheid
Damit setzen die Finanzbehörden schriftlich die Steuerschuld eines Steuerpflichtigen fest. Der Steuerbescheid kann vorläufig oder endgültig sein.

Steuern
Das sind Abgaben, welche die Staatsbürger an den Staat zu leisten haben, um überregionale Aufgaben zum Wohle des Volkes zu erfüllen. Steuerzahlungen seitens der Bürger haben keine speziell definierten Gegenleistungen des Staates zur Folge, sondern sind eine Art Vorauszahlung für kommende Allgemeinaufgaben. Die wichtigsten Steuern sind Einkommensteuer (mit Lohnsteuer), Umsatzsteuer, Körperschaftssteuer, Gewerbesteuer.

Stiftung
Eine Stiftung liegt vor, wenn jemand sein Vermögen einem Zweck allgemeinen Interesses widmet.

Strafanzeige
Eine Strafanzeige erstattet, wer der Staatsanwaltschaft, der Polizei oder dem Amtsgericht den Verdacht einer Straftat mündlich oder schriftlich mitteilt. Die angesprochenen Stellen prüfen, ob der Verdacht verfolgt wird und nachgewiesen werden kann.

Strafausschließungsgründe
Sie haben zur Folge, daß ein Täter aus persönlichen Gründen von vornherein strafrechtlich nicht verfolgt werden kann.

Strafbefehl
Der Strafbefehl wird vom Amtsgericht schriftlich erlassen, wenn die Staatsanwaltschaft dies nach Anhörung des Betroffenen beantragt. Der Strafbefehl kann lediglich eine Verwarnung zum Inhalt haben oder auf Geldstrafe, Fahrverbot oder Entzug der Fahrerlaubnis für bis zu zwei Jahre lauten.

Strafmündigkeit
Wer strafrechtlich für seine Straftaten verantwortlich ist, besitzt Strafmündigkeit. Sie tritt mit der Vollendung des 14. Lebensjahres ein. Zwischen dem 14. und dem 18. Lebensjahr ist man bedingt strafmündig, danach voll strafmündig. Bis zum 21. Lebensjahr wird jedoch noch das Jugendstrafrecht angewandt.

Strafprozeß
So nennt man den Vorgang, der notwendig ist, um strafbare Handlungen zu ermitteln, zu verfolgen und abzuurteilen. Verglichen mit dem Zivilprozeß unterliegt der Strafprozeß besonderen Verfahrensregeln.

Straßenrecht
Das ist die Gesamtheit der Gesetze, welche die Rechtsverhältnisse auf öffentlichen Straßen (Autobahnen, Bundesstraßen, Landstraßen, Gemeindestraßen u. ä.) regeln.

Straßenverkehrsrecht
Dies ist der Oberbegriff für folgende Gesetze: Straßenverkehrsgesetz, Straßenverkehrsordnung, Straßenverkehrs-Zulassungsordnung.

Streik
So nennt man die gemeinsame Niederlegung der Arbeit durch eine größere Anzahl von Arbeitnehmern in einem Betrieb oder einer Branche. Ziel ist meistens die Verbesserung der Arbeitsbedingungen oder eine höhere Lohnzahlung seitens der Arbeitgeber. Streikenden darf nicht gekündigt werden, wohl aber können sie ausgesperrt werden, d. h. das Arbeitsverhältnis wird vorübergehend aufgehoben.

Streitwert
Der in Geld bemessene Wert eines Streitgegenstandes in einem Gerichtsverfahren ist der Streitwert. Er spielt u. a. bei der Berechnung der Gerichtskosten eine Rolle.

Stundung
Ein Gläubiger kann seinem Schuldner die Begleichung der Schuld stunden, das heißt, der Zeitpunkt, an dem die Forderung einzulösen ist, wird hinausgeschoben. Voraussetzung ist, daß beide Parteien sich einig sind.

Subjektive Rechte
Das sind Rechte, die dem einzelnen zustehen, um seine rechtlich geschützten Interessen durchzusetzen.

Syndikus
Ein Syndikus ist ein Rechtsanwalt, der speziell für ein Unternehmen gegen ein festes Gehalt als Rechtsberater tätig ist. Er darf vor Gericht nicht auftreten.

T

Taschenpfändung

Bei dieser Art der Pfändung ist der Gerichtsvollzieher befugt, alles zu pfänden, was er in den Taschen des Schuldners oder in ähnlichen Behältnissen (Kasse) findet.

Tatbestand

Damit wird die Summe der Tatumstände beschrieben, ohne die eine Folge rechtlicher Schritte nicht unternommen werden kann. Strafrechtlich kann eine Straftat nur dann geahndet werden, wenn ein Straftatbestand vorliegt.

Tausch

Während beim Kauf Gegenleistungen mittels Geldzahlungen getätigt werden, besteht beim Tausch die Gegenleistung darin, einen Gegenstand zu bieten.

Teilrente

Ist ein Versicherter nach einem Unfall nicht völlig, sondern nur vermindert erwerbsunfähig geworden (um mindestens ein Fünftel), so erhält er von seiner Unfallversicherung eine Teilrente in Höhe des Bruchteils der Vollrente, der dem Grad seiner Erwerbsunfähigkeit entspricht.

Teilzeitarbeiter

Das sind Arbeitnehmer, die eine geringere Stundenzahl beschäftigt sind als tariflich vorgesehen (z. B. halbtags). Auch Teilzeitarbeiter haben Anspruch auf Urlaub, da ein echtes Arbeitsverhältnis vorliegt. Überstunden sind normalerweise nicht erlaubt.

Termin

Darunter versteht das Privatrecht den Zeitpunkt, an dem spätestens eine Rechtswirkung in Kraft tritt. Termin bei einem Strafprozeß kann einerseits die Verhandlung selbst sein und andererseits der Zeitpunkt, an dem eine Entscheidung verkündet wird.

Terroristische Vereinigungen

Das sind Gruppierungen, deren Tätigkeiten folgende Ziele haben können: Mord, Totschlag, erpresserischer Menschenraub, Geiselnahme, schwere Brandstiftung u. ä. Sowohl die Gründer einer solchen Vereinigung als auch ihre Mitglieder werden strafverfolgt.

Testament

Ein Testament ist eine Willenserklärung, in welcher der Erblasser bestimmt, was im Falle seines Ablebens mit seinem Vermögen geschehen soll. Man unterscheidet zwischen dem öffentlichen Testament (Erklärung des Letzten Willens vor einem Notar) und dem eigenhändigen Testament. Letzteres muß vom Erblasser handschriftlich verfaßt und mit seiner eigenhändigen Unterschrift versehen sein.

Tierhalterhaftung

Der Halter eines Tieres ist zum Schadensersatz verpflichtet, wenn durch das Tier ein Mensch verletzt oder gar getötet oder eine Sache beschädigt wird. Unterstützt der Besitz des Tieres die Ausübung eines Berufs (z. B. Jagdhund eines Försters), kann dies unter bestimmten Bedingungen die Haftung ausschließen.

Tierschutz

Der Mensch ist laut Tierschutzgesetz verpflichtet, Leben und Wohlbefinden eines Tieres als Mitgeschöpf zu schützen. Niemand darf einem Tier ohne vernünftigen Grund Schmerz, Leid oder sonstigen Schaden zufügen. Tiere müssen artgerecht gehalten werden.

Tilgung
Alle Verurteilungen werden im Bundeszentralregister eingetragen. Je nach Art der Bestrafung ist es nach bestimmten Fristen möglich, die Eintragung zu löschen. Der Eintrag einer Verurteilung zur Freiheitsstrafe bis zu drei Monaten beispielsweise kann nach fünf Jahren getilgt werden.

Todeserklärung
Das ist die Feststellung eines Gerichtes, daß ein Verschollener tot ist. »Verschollen« heißt, daß der Aufenthaltsort eines Menschen über einen längeren Zeitraum hinweg unbekannt ist und es ebenfalls keine Informationen darüber gibt, ob er während dieser Zeit noch gelebt hat oder verstorben ist.

Tötung
Tötung ist der Oberbegriff für Mord, Totschlag, fahrlässige Tötung, Tötung auf Verlangen, Kindestötung und auch Völkermord. Einen Mord begeht derjenige, der einen Menschen aus niedrigen Beweggründen tötet (Mordlust, Habgier, Rachsucht u. ä.). Wer im Straßenverkehr einen Menschen tötet, kann wegen fahrlässiger Tötung bestraft werden.

Treuepflicht
Ein Arbeitnehmer muß anstreben, die vom Arbeitgeber gesteckten Ziele in erfolgreicher und loyaler Art und Weise zu erreichen. Der Treuepflicht des Arbeitnehmers steht die Fürsorgepflicht des Arbeitgebers gegenüber.

Treu und Glauben
Das ist ein Begriff aus dem BGB. Der Schuldner ist verpflichtet, seine Schuld so zu begleichen, wie es Treu und Glauben erfordern. Mit Treue ist Rücksichtnahme und Zuverlässigkeit, mit Glauben das Vertrauen in die Treue des anderen gemeint.

U

Übergangsgeld

Gemeint sind Zahlungen, die in der Rentenversicherung als Ersatz für den Verdienstausfall während medizinischer oder beruflicher Rehabilitation gewährt werden.

Überstunden

Wenn Sie länger arbeiten, als es die betriebliche regelmäßige Arbeitszeit vorschreibt, machen Sie Überstunden. Laut tariflicher Abmachungen steht Ihnen dann ein Überstundenzuschlag zu. Beziehen Sie jedoch ein übertarifliches Gehalt, so wird Ihr Chef von Ihnen erwarten, daß Ihre Überstunden durch die Höhe des Gehalts abgegolten sind.

Überzeugungstäter

Als Überzeugungstäter gilt, wer eine Straftat aus politischer, religiöser oder ähnlicher Überzeugung begeht. Dies stellt allerdings keinen Grund zur Rechtfertigung dar. Lediglich bei der Bemessung des Strafmaßes muß das Gericht die Motive des Täters berücksichtigen.

Umweltrecht

Das Umweltrecht umfaßt die Gesamtheit aller Gesetze, die zum Schutz der natürlichen Umwelt und der Lebensgrundlagen des Menschen dienen. Der Staat ist bei allen Entscheidungen verpflichtet, die ökologischen Folgen zu beachten.

Unbedenklichkeitsbescheinigung

Sie wird als Bestätigung vom Finanzamt ausgestellt, wenn der Steuerpflichtige rechtzeitig seine Steuern abgegeben hat.

Wenn Sie sich um eine öffentliche Aufgabe bewerben oder bei einem Grundstückskauf als Eigentümer im Grundbuch eingetragen werden wollen, benötigen Sie eine Unbedenklichkeitsbescheinigung.

Unerlaubte Handlung

Wer widerrechtlich und aus eigener Schuld heraus einer anderen Person Schaden zufügt, begeht eine unerlaubte Handlung.

Unerlaubte Werbung

Hierzu gehört jede Werbung, die als sittenwidrig, unwahr und irreführend einzustufen ist. Ebenfalls verboten ist in Deutschland die vergleichende Werbung, in der Konkurrenzprodukte hinsichtlich Markenname, Preis, Herkunft etc. verglichen werden.

Unfallflucht

Jeder, der einen Unfall verursacht, ist verpflichtet, Angaben zu seiner Person, der Art seiner Beteiligung am Unfall und seinem Fahrzeug zu machen. Tut er das nicht und entfernt sich von der Unfallstelle, begeht er Unfallflucht. Dies ist nur dann nicht der Fall, wenn der Verursacher vor Handgreiflichkeiten der anderen Beteiligten oder Zeugen flieht oder wenn er ärztliche Hilfe holt.

Unfallversicherung

Sie dient im Rahmen der Sozialversicherung dazu, im Falle eines Arbeitsunfalles oder einer Berufskrankheit Ausgleichszahlungen zu leisten. Die Beiträge werden vom Arbeitgeber übernommen. Versicherungsschutz genießen z. B. Arbeitnehmer, Heimarbeiter, Landwirte, Auszubildende, Schüler und Studenten.

Unterhalt, nichteheliches Kind

Der Vater eines nichtehelichen Kindes ist bis zu dessen 18. Lebensjahr im Falle der Bedürftigkeit verpflichtet, die Kosten für Erziehung und Berufsausbildung zu zahlen.

Unterlassene Hilfeleistung

Sie ist dann gegeben, wenn jemand bei einem Unglücksfall oder einer allgemeinen Notsituation nicht Hilfe leistet, obwohl dies dringend erforderlich wäre und ihm dies ohne weiteres zuzumuten wäre. Er kann mit Freiheitsstrafe bis zu einem Jahr oder einer Geldstrafe belegt werden.

Untermiete

Wenn Sie in Ihrer Mietwohnung einen Teil derselben an einen Dritten weitervermieten, ist dieser Ihr Untermieter. Das bedarf in jedem Fall der Erlaubnis Ihres Vermieters. Sie dürfen aber auf jeden Fall Ihren Lebensgefährten oder Ihre Verlobte bei sich in der Wohnung einziehen lassen. Dies kann Ihr Vermieter nicht mit Hinweis auf die untersagte Untervermietung verbieten.

Unterschlagung

Wenn jemand eine fremde bewegliche Sache, die er allein in Gewahrsam hat, sich widerrechtlich aneignet, ist der Tatbestand der Unterschlagung gegeben. Bereits der Versuch ist strafbar.

Untersuchungshaft

Sie bietet der Justiz die Möglichkeit, die Durchführung eines Ermittlungsverfahrens zu sichern. Die Untersuchungshaft stellt keinen Freiheitsentzug im rechtlichen Sinne dar; der U-Häftling wird vielmehr vorübergehend – in der Regel nicht länger als sechs Monate – in Untersuchungshaft genommen. Sie wird vom Richter angeordnet. Die Dauer der Untersuchungshaft wird mit der Dauer der tatsächlichen Freiheitsstrafe verrechnet.

Untreue
Davon spricht man, wenn jemand fremdes Vermögen schädigt, indem er seine Treuepflichten verletzt. Untreue ist z. B. gegeben, wenn ein Arbeitgeber die Beiträge des Arbeitnehmers zur Sozialversicherung nicht abführt, sondern für sich behält.

Unzurechnungsfähigkeit
Eine Person ist dann unzurechnungsfähig, wenn sie für ihr Handeln nicht zur Verantwortung gezogen werden kann.

Urheberrecht
Dies ist das Recht der Schöpfer an künstlerischen geistigen Werken (beispielsweise der Komponisten an ihren Musikstücken oder der Autoren an ihren Romanen). Urheberrechtlich geschützt sind auch Computerprogramme und Fotografien. Das Urheberrecht beinhaltet das Veröffentlichungsrecht, das Recht auf Verwertung sowie Ansprüche auf Vergütungen, wenn das Werk aus kommerziellen Gründen vervielfältigt wird. Das Urheberrecht ist vererblich; siebzig Jahre nach dem Tod des Urhebers erlischt es endgültig, bei Fotografien schon 25 Jahre danach.

Urkunde
Eine Urkunde ist der menschliche Gedanke in schriftlicher Form, mit der Unterschrift des Ausstellers versehen. Urkunden sind z. B. Stempel, Preisauszeichnungen oder Kfz-Kennzeichenschilder.

Urlaub
Das ist eine zeitlich begrenzte Befreiung von der Arbeitspflicht für nichtselbständige Arbeitnehmer, wobei Lohn und Gehälter vom Arbeitgeber weitergezahlt werden. Die Dauer des Urlaubs ist in den Tarifverträgen der einzelnen Branchen festgelegt; gesetzlich stehen Ihnen auf jeden Fall 18 Werktage zu. Sonn- und Feiertage zählen also nicht dazu,

selbst nicht bei Arbeitnehmern, die regelmäßig an solchen Tagen ihren Dienst verrichten (Krankenhauspflegepersonal, bestimmte Dienstleistungsbetriebe).

Urteil

Die schriftliche Entscheidung des Gerichts über eine Klage nach Beendigung der Beweisaufnahme nennt man Urteil.

V

Vaterschaftsanerkenntnis

Sie kann, falls gewünscht, schon vor der Geburt eines nichtehelichen Kindes vom Vater persönlich durch eine notariell oder standesamtlich beurkundete Erklärung abgegeben werden. Später ist die Zustimmung des Kindes oder, bei Minderjährigen, des Jugendamtes Voraussetzung. Die Zustimmung der Mutter ist nicht erforderlich.

Verbindlichkeit

Jede Verpflichtung, die in einem Gesetz oder Vertrag begründet ist, gilt als Verbindlichkeit.

Verdeckte Ermittler

Gemeint sind Beamte der Polizei, die Ermittlungen nicht unter ihrer eigenen, sondern unter einer veränderten Identität tätigen, um in den zu untersuchenden Kreisen unauffällig agieren zu können (z. B. Rauschgifthandel).

Verdunklungsgefahr

Davon ist die Rede, wenn der begründete Verdacht besteht, daß ein Beschuldigter Beweismittel fälscht oder beseitigt, um damit die Wahrheitsfindung zu behindern.

Verein

Ein Verein ist der Zusammenschluß mehrerer Personen zu einem gemeinsamen Ziel. Der Bestand des Vereins hängt nicht von der momentanen Anzahl oder von einem Wechsel der Mitglieder ab. Das ist der entscheidende Unterschied zur »Gesellschaft«. Die Zielsetzung eines Vereins ist frei, sie darf sich nur nicht gegen die Verfassung oder das Gesetz richten. Zu unterscheiden ist der *rechtskräftige Verein*, der zur Eintragung ins Vereinsregister (»e.V.«) sieben Gründungsmitglieder benötigt, und der *nicht rechtskräftige Verein* (z. B. Gewerkschaften).

Vereinigungsfreiheit

Nach dem Grundgesetz besitzt jeder Deutsche das Recht, eine Gesellschaft oder einen Verein zu gründen. Das beinhaltet nicht nur das Recht zum Beitritt, sondern auch das Recht, einer Vereinigung fernbleiben zu dürfen.

Verfassung

Hierunter versteht man die schriftlich formulierte Grundordnung eines Staates (in Deutschland das Grundgesetz). In der Verfassung werden Struktur und Organisation des Staates und seine Beziehung zu den Bürgern geregelt. Sämtliche Gesetze, Rechtsverordnungen, Satzungen u. ä. sind ihr untergeordnet.

Verfassungsbeschwerde

Wenn Sie glauben, eines Ihrer Grundrechte sei durch öffentliche Gewalt verletzt worden, haben Sie das Recht, beim Bundesverfassungsgericht in Karlsruhe eine Verfassungsbeschwerde zu erheben. Möglich ist dies nur, wenn der gesamte Rechtsweg ausgeschöpft wurde. Mit dieser Beschwerde können Sie nicht nur Gerichtsurteile, sondern auch Gesetze anfechten.

Verfassungsschutz

Der Verfassungsschutz hat die Aufgabe, die freiheitlich demokratische Grundordnung des Staates und die Sicherheit des Bundes und der Länder zu schützen. Zuständig ist das Bundesamt für Verfassungsschutz, das mit den Ländern zusammenarbeitet.

Verfügung

In einem Gerichtsverfahren ist dies die Entscheidung eines Vorsitzenden oder Richters, die den weiteren Verlauf des Verfahrens entscheidend bestimmt (z. B. Festlegung eines Termins). Privatrechtlich gesehen bedeutet »Verfügung«, daß ein bestehendes Recht verändert, übertragen oder aufgehoben werden soll.

Verführung

Sie liegt vor, wenn jemand einen Menschen unter 16 Jahren zum Beischlaf gegen seinen Willen zwingt (es reicht schon der Versuch, das Opfer zu überreden). Ist der Täter unter 21 Jahre alt, kann das Gericht von einer Bestrafung absehen.

Vergewaltigung

Wer eine Frau mit Gewalt oder der Drohung von Gewalthandlungen an Leib und Leben des Opfers zum – außerehelichen – Geschlechtsverkehr zwingt, begeht eine Vergewaltigung. Ist der Täter mit dem Opfer verheiratet, liegt seit 1996 ebenfalls Vergewaltigung vor. Allerdings kann die Ehefrau den Strafantrag, im Gegensatz zum Vorgehen bei anderen Straftaten, wieder zurückziehen.

Vergleich

Streben zwei Vertragspartner die Erfüllung eines Rechtsverhältnisses an, indem sie beide bezüglich ihrer Forderungen nachgeben, so schließen sie einen Vergleich. Dieser kann, muß aber nicht in Schriftform abgefaßt werden (je nach Art des Rechtsverhältnisses).

Verjährung

Der Begriff besagt, daß ein Rechtsanspruch nach Ablauf einer bestimmten Zeit nicht mehr eingefordert werden kann. Die allgemeine Verjährungsfrist beträgt dreißig Jahre. Einige Ansprüche haben jedoch andere Fristen. Z. B. verjähren Ansprüche auf Leistungen von Handwerkern, Fabrikanten, Lieferanten usw. nach zwei Jahren. Das Verbrechen des Mordes verjährt nicht.

Verkehrsdelikte

Der zentrale Satz in der Straßenverkehrsordnung lautet: »Jeder Verkehrsteilnehmer hat sich so zu verhalten, daß kein anderer geschädigt, gefährdet oder mehr als nach den Umständen unvermeidbar behindert oder belästigt wird.« Wer gegen diesen und andere Grundsätze des Straßenverkehrs verstößt, begeht ein Verkehrsdelikt, das je nach Schwere als Straftat oder als Ordnungswidrigkeit geahndet werden kann.

Verkehrssicherungspflicht

Sie schreibt allgemein vor, daß jeder im Zusammenleben mit anderen Rücksicht zu nehmen hat und den Gefahren, die aus diesem Zusammenleben entstehen könnten, entgegenwirken muß. Wer durch seine Tätigkeit eine mögliche Gefahrenquelle schafft, ist verpflichtet, Maßnahmen zum Schutze Dritter zu ergreifen. Wenn Sie z. B. in Ihrem Haus oder in Ihrer Wohnung eine Treppe bauen, müssen Sie diese mit einem Geländer versehen.

Verkehrszentralregister

Besser bekannt als Verkehrssünderkartei, hat es seinen Sitz in Flensburg und enthält folgende Angaben über Verkehrsteilnehmer: Entzug der Fahrerlaubnis, Fahrverbot, Verurteilungen wegen Verkehrsdelikten, Geldbußen ab achtzig Mark. Nach einem bestimmten System wird das Konto des sog. Verkehrssünders mit Punkten belastet. Je nach Art des Vergehens werden die Eintragungen nach einer gewissen Zeit getilgt. Gegen schriftlichen Antrag und eine Gebühr kann man die Eintragungen einsehen.

Vermummungsverbot

Von Vermummung spricht man, wenn es aufgrund der äußeren Aufmachung eines Menschen nicht möglich ist, seine Identität festzustellen, und dies auch in der Absicht des Vermummten liegt. Nach § 17 des Versammlungsgesetzes ist das strafbar. Es drohen Geldstrafen oder Freiheitsstrafen bis zu einem Jahr.

Versäumnisurteil

Ein Versäumnisurteil kann ausgesprochen werden, wenn ein Prozeßteilnehmer (gleich welcher Seite) zu einem vom Richter festgesetzten mündlichen Verhandlungstermin nicht erschienen ist und wenn die erschienene Partei ein solches Urteil fordert.

Versammlungsfreiheit

Das Grundgesetz spricht allen Deutschen das Grundrecht zu, sich ohne besondere Erlaubnis zu einer Gruppe zu versammeln, sofern dies friedlich und ohne Waffen geschieht. Eine Versammlung ist eine Zusammenkunft von Menschen, die der Meinungsbildung dient. Dazu zählen Demonstrationen, Kundgebungen u. ä., nicht jedoch Unterhaltungsveranstaltungen (Konzerte, Theater usw.). Für Versammlungen unter freiem Himmel kann es je nach Art gesetzliche Bestimmungen geben, die es zu erfüllen gilt.

Verschulden

Ein Verschulden liegt vor, wenn ein Betroffener einen Schaden gleich welcher Art anrichtet und er dafür zur Verantwortung zu ziehen ist. Um verantwortlich zu sein, muß er zurechnungsfähig sein.

Versicherungszeiten

Gemeint sind die Wartezeiten, ohne die in der gesetzlichen Rentenversicherung kein Rentenanspruch möglich ist. Dazu gehören Beitragszeiten (Zeiten, in denen der Beitrag gezahlt wurde), Ersatzzeiten (z. B. Militärzeit), Ausfallzeiten (z. B. während der Schwangerschaft oder bei krankheitsbedingter Arbeitslosigkeit) und Zurechnungszeiten (Erwerbsunfähigkeit).

Versorgungsausgleich

Darunter versteht man die Angleichung der einzelnen (unterschiedlichen) Ansprüche, die in einer Ehe entstehen. Der Gesetzgeber will damit bei einer Scheidung einen Ausgleich schaffen, und zwar zwischen den von den Ehegatten während der Ehe erworbenen Anwartschaften auf eine Versorgung bei Rente, Berufs- und Erwerbsunfähigkeit. Alle vorhandenen Sozialversicherungsrenten, Pensionen, betriebliche Altersversorgung und auch private Versicherungen werden beim Versorgungsausgleich gegenübergestellt. Derjenige Ehegatte (meist der Mann), der in der Zeit der ehelichen Gemeinschaft höhere Versorgungsansprüche erworben hat, muß dem anderen (meist der Frau) die Hälfte des Unterschiedes beider Ansprüche bezahlen.

Versteigerung

Eine privatrechtliche Versteigerung muß dem Betroffenen vorher angedroht, danach öffentlich bekanntgemacht werden und ist von einem Gerichtsvollzieher o. ä. durchzuführen. Wenn der Meistbietende den Zuschlag erhält, kommt ein Kaufvertrag zustande. Davon zu unterscheiden ist die Zwangsvollstreckung einer gepfändeten, beweglichen Sache, die ebenfalls von einem Gerichtsvollzieher durchgeführt wird. Hier wird die Zwangsübertragung von Eigentum veranlaßt.

Verteidiger

Ein Verteidiger ist ein Rechtsanwalt, der die Rechte eines Angeklagten vor Gericht vertritt und versucht, alle Gesichtspunkte, die für seinen Mandanten sprechen, geltend zu machen. Er darf grundsätzlich die Akten einsehen und hat, von wenigen Ausnahmen abgesehen, das unbeschränkte

Recht zum mündlichen und schriftlichen Verkehr mit dem Beschuldigten. Vor Gericht hat er Frage- und Erklärungsrecht, und er kann Anträge stellen.

Vertrag

Ein Vertrag ist ein schriftliches oder mündliches Rechtsgeschäft, bei dem zwei oder mehr Parteien eine Willenserklärung abgeben, die für alle Beteiligten dasselbe Ziel hat. Ein Vertrag wird erfüllt, wenn alle Vertragsparteien ihren Pflichten gemäß Vertragsinhalt nachgekommen sind.

Verwaltungsakt

Auf dem Gebiet des öffentlichen Rechts ist dies jede Verfügung, Entscheidung oder Maßnahme, die eine Behörde zur Regelung des Einzelfalles trifft.

Verwandtschaft

Von Verwandtschaft spricht man, wenn Personen voneinander abstammen. Personen, die direkt voneinander abstammen (Eltern – Kinder), sind in gerader Linie (Verwandtschaft ersten Grades) miteinander verwandt. Personen, die von derselben dritten Person abstammen (Geschwister), sind in der Seitenlinie miteinander verwandt. Eine Verwandtschaft ersten Grades kann auch durch Adoption »entstehen«.

Verwarnung

Wenn jemand eine rechtswidrige und schuldhafte Handlung begeht, kann man ihn mit einer Verwarnung belegen, die darauf hinzielt, dem Täter das Unrecht seines Tuns bewußt zu machen. Sie wird auch in der Erwartung erteilt, daß der Täter künftig keine Rechtsverstöße mehr begeht.

Verzug

Davon spricht man, wenn in einem Schuldverhältnis eine Leistungsstörung eingetreten ist. Zu unterscheiden sind

Schuldnerverzug und Gläubigerverzug. Ersterer ist dann gegeben, wenn die Leistung eines Schuldners fällig, aber noch nicht erfolgt ist. Zudem muß der Gläubiger mittels einer Mahnung zu einer Leistung auffordern. Gläubigerverzug heißt, daß der Schuldner seine Leistung zwar anbietet, der Gläubiger sie aber nicht annimmt.

V-Mann

Dies ist die Abkürzung für »Vertrauensmann« und meint eine Person, deren Identität nur den Ermittlungsbehörden bekannt ist. Der V-Mann hilft der Polizei durch vertrauliche Hinweise bei der Verfolgung von Straftaten oder deren Verhinderung. Die Polizei kann den V-Mann als Zeuge vor Gericht sperren lassen, das heißt, ein Richter muß ihn aufsuchen und vernehmen, und das Vernehmungsprotokoll wird dann in der Verhandlung verlesen. So wird die Geheimhaltung der V-Mann-Identität gewahrt.

Volljährigkeit

Sie tritt am 18. Geburtstag einer Person ein. Diese erlangt damit z. B. Geschäftsfähigkeit und Strafmündigkeit sowie das Wahlrecht.

Vollmacht

Hierunter versteht man eine durch ein Rechtsgeschäft erteilte Befugnis, die besagt, daß jemand rechtsgeschäftliche Handlungen im Namen eines anderen für diesen und auf dessen Rechnung vornehmen darf. Wenn Sie z. B. für die Unterzeichnung eines Vertrags aus irgendeinem Grund unabkömmlich sind, können Sie einer anderen Person eine Vollmacht erteilen, damit diese die Vertragsunterzeichnung tätigen darf.

Vormundschaft

Gemeint ist die Fürsorge für eine Person, die nicht imstande ist, ihre persönlichen und Vermögensangelegenheiten selbst zu regeln. Mittlerweile gibt es rechtlich gesehen nur noch die Vormundschaft gegenüber Minderjährigen, die nicht der elterlichen Sorge unterstellt sind. Die Vormundschaft wird vom Vormundschaftsgericht angeordnet.

Vorschuß

Das ist eine Teilzahlung, die im Hinblick auf künftig fällig werdende Leistungen gezahlt wird. Sie wird mit der Gesamtforderung verrechnet.

Vorsorgeuntersuchung

Diese dient der Früherkennung von Krankheiten, die Krankenversicherung und Sozialhilfe kostenfrei anbieten. Darunter fallen z. B. Untersuchungen von Kindern bis zum sechsten Lebensjahr auf Entwicklungsstörungen sowie von Frauen (ab dem zwanzigsten Lebensjahr) und Männern (ab 45 Jahren) auf Krebs.

W

Waffenbesitz

Wenn Sie eine Schußwaffe erwerben und über sie verfügen wollen, benötigen Sie dafür nach dem Waffengesetz eine behördliche Erlaubnis. Diese wird Ihnen durch die Waffenbesitzkarte erteilt. Dazu müssen Sie 18 Jahre oder älter sein. Die Erlaubnis zum Erwerb hat ein Jahr Gültigkeit, die Verfügung über die Waffe ist unbegrenzt. Wenn Sie die Waffe außerhalb Ihrer Wohnung oder Geschäftsräume mit sich führen wollen, brauchen Sie einen Waffenschein, der beim Nachweis einer Haftpflichtversicherung für maximal drei Jahre ausgestellt wird.

Waffengebrauch der Polizei

Sie ist nach den Vorschriften des Bundesgesetzes nur bei einem unmittelbaren Zwang erlaubt. Das bedeutet, daß Schußwaffen von der Polizei nur zur Vermeidung schwerer Straftaten, zur Vereitelung der Flucht bei schweren Straftaten gegen einzelne Personen und zur Verhinderung der Flucht oder Befreiung von Häftlingen eingesetzt werden dürfen. Gegen eine Menschenmenge dürfen Schußwaffen nur dann eingesetzt werden, wenn die Gefahr besteht, daß aus dieser Menschenmenge Gewalttaten zu erwarten sind, und Maßnahmen gegen einzelne nicht erfolgversprechend wären.

Wahlrecht

Man unterscheidet objektives und subjektives Wahlrecht. Ersteres regelt die Durchführung öffentlicher Wahlen in einer Demokratie. Letzteres bedeutet das Recht, zu wählen (aktives Wahlrecht) und gewählt zu werden (passives Wahlrecht). Wahlberechtigt ist in Deutschland, wer mindestens 18 Jahre alt ist und seit mindestens drei Monaten im Bundesgebiet wohnt. Als Abgeordneter in den Bundestag gewählt werden kann jeder Volljährige, der mindestens ein Jahr die deutsche Staatsangehörigkeit hat.

Warentests
Gemeint ist die Veröffentlichung vergleichender Qualitätstests von Waren in Zeitschriften. Die Untersuchungen müssen neutral und sachkundig durchgeführt werden und von dem Bemühen um Objektivität gezeichnet sein.

Warenzeichen
Sie dienen dazu, die Erzeugnisse eines Herstellers von denen der Konkurrenzunternehmen optisch unverwechselbar zu unterscheiden (Beispiel: der Mercedes-Stern). Warenzeichen können zum Schutz der Originalität vom Patentamt in die sogenannte Zeichenrolle eingetragen werden. Das bedeutet, daß allein der Inhaber des Warenzeichens berechtigt ist, das betreffende Warenzeichen zu verwenden. Der Schutz besteht zehn Jahre und kann jeweils um weitere zehn Jahre verlängert werden.

Wartezeiten
Siehe Versicherungszeiten

Werbungskosten
Das sind die Kosten, die Ihnen bei Erwerb, Sicherung und Erhaltung Ihres Einkommens entstehen. Dazu gehören u. a. Fahrtkosten von der und zur Arbeit, Arbeitsmittel, evtl. doppelte Haushaltsführung, Beiträge zu Berufsverbänden oder auch die Kosten eines Verkehrsunfalls auf dem Weg zwischen Wohnung und Arbeitsplatz. Werbungskosten werden von den Einnahmen abgezogen. Das Ergebnis nennt man Einkünfte.

Werkvertrag

Durch ihn verpflichtet sich ein Vertragspartner zur Lieferung eines bestimmten Arbeitsergebnisses (im Gegensatz zum Dienstvertrag, der das bloße Tätigwerden zum Inhalt hat). Der Unternehmer muß das von ihm versprochene Werk herstellen, das die besprochenen Eigenschaften haben und fehlerfrei sein muß. Der Besteller ist zur Abnahme des Werkes und zur vereinbarten Bezahlung desselben verpflichtet.

Wertsicherungsklauseln

Sie können in einem Vertrag enthalten sein und besagen, daß der Gläubiger die Höhe seiner Zahlungsforderungen dem jeweiligen Kaufkraftverlust und der Geldwertentwicklung anpaßt.

Wette

Eine Wette ist ein Vertrag, der einen Meinungsstreit zum Inhalt hat. Die beiden Vertragsparteien vereinbaren, daß demjenigen, der mit seiner Behauptung recht hat, eine Belohnung (Gewinn) zusteht. Wettschulden sind übrigens nicht einklagbar.

Wiederaufnahme

Besteht der Verdacht, daß bei einem rechtskräftig abgeschlossenen Gerichtsverfahren schwere Verfahrensfehler vorliegen, kann man eine Wiederaufnahme des Verfahrens beantragen. Dies ist aber z. B. auch dann möglich, wenn nach Abschluß der Beweisaufnahme und Verurteilung des Angeklagten neue Tatsachen auftauchen, die zum Beweis der Unschuld des Betroffenen beitragen. Ein bekanntes Beispiel ist die Wiederaufnahme des Verfahrens von Monika Weimar, die ihre beiden Kinder getötet haben soll. Nach Jahren (während derer die Verurteilte wegen Mordes im Gefängnis saß) lag neues Beweismaterial vor, der Prozeß mußte wieder aufgerollt werden. Er endet mit einem Freispruch.

Willenserklärungen

Sie sind die Voraussetzung für die Gültigkeit eines Rechtsgeschäftes. Die Vertragsparteien äußern hierbei ihren auf eine rechtliche Wirkung abgezielten Willen.

Wirtschaftskriminalität

Dies ist der Oberbegriff für Straftaten, die im Bereich des Wirtschaftslebens begangen werden. Dazu gehören z. B. Steuervergehen, Konkursstraftaten, Großbetrug, Verstoß gegen das Gesetz gegen unlauteren Wettbewerb oder gegen Gesetze des Bankwesens.

Wohngeld

Einkommensschwache Personen können laut Wohngeldgesetz für den eigengenutzten Wohnraum Miet- oder Lastenzuschuß (für Miete, Heizung etc.) beantragen. Mietzuschuß gilt für Mieter, Untermieter, Insassen eines Wohnheims und Miteigentümer, die im eigenen Mehrfamilienhaus wohnen. Von Lastenzuschuß spricht man bei Eigenheimbesitzern, Eigentümern einer landwirtschaftlichen Nebenerwerbstelle, einer Eigentumswohnung oder bei Dauerwohnberechtigten.

Wohnungsbauprämie

Wenn Sie Bausparer sind und Beiträge an eine Bausparkasse zahlen, erhalten Sie vom Staat eine Prämie zur Förderung Ihres Wohnungsbaus, falls Sie Ihre Aufwendungen nicht zu 50 % vom Gesamtbetrag der Einkünfte als Sonderausgaben absetzen. Die Höhe der Prämie wird vom Finanzamt festgesetzt.

Wucher

Davon ist die Rede, wenn sich jemand überhöhte Vermögensvorteile verschafft, die in einem Mißverhältnis zur gebotenen Leistung stehen. Dabei nutzt er die Zwangslage, die Unerfahrenheit oder die Willensschwäche seines Gegenübers aus.

Z

Zechprellerei

Wer in einer Gastwirtschaft die Dienste des Wirtes oder des Kellners in Anspruch nimmt, Zahlungswilligkeit vorgaukelt und sie hinterher nicht einhält, begeht Zechprellerei. Selbst wenn Sie anbieten, statt der Zahlung in der Küche Teller zu waschen: Am Tatbestand der Zechprellerei ändert das nichts.

Zeugnis

Ihr Arbeitgeber ist nach Beendigung Ihres Arbeitsverhältnisses verpflichtet, Ihnen, dem Arbeitnehmer, ein Zeugnis auszustellen. Darin müssen Dauer und Art Ihrer Beschäftigung enthalten sein. Wenn Sie es wünschen, müssen auch die Qualität Ihrer Leistungen und Ihre Führung während der Dauer Ihres Arbeitsverhältnisses angesprochen werden. Im Zeugnis dürfen keine Äußerungen enthalten sein, die Ihr weiteres berufliches Leben negativ beeinflussen könnten. Sollte das Zeugnis unrichtige Angaben enthalten, sind Sie berechtigt, den Arbeitgeber auf Erteilung eines Zeugnisses mit korrektem Inhalt zu verklagen. In schweren Fällen haben Sie ein Recht auf Schadensersatz.

Zinsen

So heißen die Gegenleistungen für die zeitlich begrenzte Überlassung von Kapital. Die Höhe der Zinsen richtet sich nach der Dauer der Überlassung und nach der Höhe des Kapitals.

Zivildienst

Dieser Ersatzdienst muß von Kriegsdienstverweigerern anstelle des Wehrdienstes geleistet werden. Tätigkeitsbereiche sind Kranken-, Heil- oder Pflegeanstalten. Der Zivildienst dauert drei Monate länger als der Grundwehrdienst. Wird auch er aus Gewissensgründen abgelehnt, kann man in einem sozialen Beruf tätig werden.

Zivilprozeß

So heißt das Verfahren eines ordentlichen Gerichtes im Rahmen von bürgerlichen Rechtsstreitigkeiten. Zu unterscheiden sind Erkenntnisverfahren (in denen die Rechte festgestellt werden) und Vollstreckungsverfahren (in denen die gerichtlich festgestellten Rechte durchgesetzt werden).

Zuchtmittel

Sie werden vom Jugendgericht angewendet, um straffällig gewordenen Jugendlichen eindringlich das Einstehen für die begangenen Unrechtstaten bewußt zu machen. Zuchtmittel müssen verhängt werden, wenn Erziehungsmaßregeln nicht mehr ausreichen und gleichzeitig Jugendstrafe noch nicht geboten ist. Dazu gehören z. B. Verwarnungen, Erteilen von Auflagen, Jugendarrest, Kurzarrest (höchstens vier Tage) oder Dauerarrest (zwischen einer und vier Wochen). Zuchtmittel sind rechtlich gesehen keine Strafen.

Züchtigung

Gemeint ist eine körperliche Strafe, die zu erteilen ausschließlich den Eltern oder dem Vormund eines Kindes zusteht. Jedoch dürfen die Maßnahmen nicht entwürdigend oder dazu geeignet sein, dem Kind großen Schaden zuzufügen. Nach dieser Definition sind ein Klaps oder eine gelegentliche Ohrfeige erlaubt; Stockschläge fallen dagegen nicht unter den Begriff der Züchtigung.

Zugewinn

Die Ehe ist auch eine sogenannte Zugewinngemeinschaft. Zugewinn ist der Unterschiedsbetrag zwischen dem Vermögen, das die Ehegatten bei Eheschließung mitbringen, und dem, was bei der Aufhebung der Ehe (Scheidung) vorhanden ist.

Zurechnungsfähigkeit

Zurechnungsfähigkeit, sprich Schuldfähigkeit, besteht dann, wenn ein Täter bei der Ausübung seiner Straftat keine krankhafte seelische Störung, keine Bewußtseinsstörung oder Schwachsinn aufweist und sich des Unrechts seines Tuns voll bewußt ist.

Zustellung

Hierunter versteht man die Übergabe eines Schriftstücks in der gesetzlich vorgeschriebenen Form. Für Gerichtsurteile ist z. B. eine Zustellung vorgeschrieben. Sie wird nachgewiesen durch eine Zustellungsurkunde, einen eingeschriebenen Brief u. ä.

Zwangsvollstreckung

Besitzt ein Gläubiger einen sogenannten Vollstreckungstitel (d. h. ein rechtskräftiges Urteil, das zur Vollstreckung berechtigt), so ist er befähigt, mit Hilfe staatlichen Zwangs (Gerichtsvollzieher etc.) seine Ansprüche gegenüber einem Schuldner im Rahmen des Zivilrechts durchzusetzen.

Zweitwohnungssteuer

Fremdenverkehrsgemeinden erheben im Rahmen des Grundgesetzes eine Aufwandsteuer für Inhaber von Zweitwohnungen, die sich in diesen Gemeinden befinden.

Abkürzungen der wichtigsten Gesetze

AbfG	Abfallgesetz
AbgG	Abgeordnetengesetz
AbzG	Gesetz betreffend die Abzahlungsgeschäfte
AFG	Arbeitsförderungsgesetz
AGBG	Gesetz zur Regelung des Rechts der Allgemeinen Geschäftsbedingungen
AktG	Aktiengesetz
AnfG	Anfechtungsgesetz
ArbGG	Arbeitsgerichtsgesetz
AsylVfG	Asylverfahrensgesetz
AtG	Atomgesetz
AuslG	Ausländergesetz
AVG	Angestelltenversicherungsgesetz
BAföG	Bundesausbildungsförderungsgesetz
BauGB	Baugesetzbuch
BBankG	Gesetz über die Deutsche Bundesbank
BBesG	Beamtenbesoldungsgesetz
BBG	Bundesbeamtengesetz
BBiG	Berufsbildungsgesetz
BDSG	Bundesdatenschutzgesetz
BetrVG	Betriebsverfassungsgesetz
BeurkG	Beurkundungsgesetz
BGB	Bürgerliches Gesetzbuch
BImSchG	Bundes-Immissionsschutzgesetz
BJagdG	Bundesjagdgesetz
BNDG	Gesetz über den Bundesnachrichtendienst
BNatSchG	Bundesnaturschutzgesetz
BPersVG	Bundespersonalvertretungsgesetz
BRRG	Beamtenrechtsrahmengesetz
BSeuchenG	Bundesseuchengesetz
BSHG	Bundessozialhilfegesetz

BVerfGG	Gesetz über das Bundesverfassungsgericht
BVerfSchG	Bundesverfassungsschutzgesetz
BWahlG	Bundeswahlgesetz
BZRG	Bundeszentralregistergesetz
DRiG	Deutsches Richtergesetz
EG	Einführungsgesetz bzw. Europäische Gemeinschaft
EGBGB	Einführungsgesetz zum Bürgerlichen Gesetzbuch
EGGVG	Einführungsgesetz zum Gerichtsverfassungsgesetz
EGStGB	Einführungsgesetz zum Strafgesetzbuch
EheG	Ehegesetz
ErbStG	Erbschaftssteuer- und Schenkungssteuergesetz
EStG	Einkommensteuergesetz
FGG	Gesetz über die Angelegenheiten der freiwilligen Gerichtsbarkeit
G., Ges.	Gesetz
GenG	Gesetz betreffend die Erwerbs- und Wirtschaftsgenossenschaften
GewStG	Gewerbesteuergesetz
GG	Grundgesetz
GjS	Gesetz über die Verbreitung jugendgefährdender Schriften
GKG	Gerichtskostengesetz
GmbHG	Gesetz betreffend die Gesellschaften mit beschränkter Haftung
GVG	Gerichtsverfassungsgesetz
GWG	Gesetz gegen Wettbewerbsbeschränkungen (Kartellgesetz)
HGB	Handelsgesetzbuch
HPflG	Haftpflichtgesetz
HRG	Hochschulrahmengesetz
HWiG	Gesetz über den Widerruf von Haustürgeschäften und ähnlichen Geschäften
ImSchG	Immissionsschutzgesetz
JGG	Jugendgerichtsgesetz
JÖSchG	Gesetz zum Schutze der Jugend in der Öffentlichkeit

JWG	Jugendwohlfahrtgesetz
KJHG	Kinder- und Jugendhilfegesetz
KSchG	Kündigungsschutzgesetz
KStG	Körperschaftssteuergesetz
KUG	Kunsturhebergesetz
LohnFG	Lohnfortzahlungsgesetz
LuftVG	Luftverkehrsgesetz
MADG	Gesetz über den Militärischen Abwehrdienst
MHG	Gesetz zur Regelung der Miethöhe
MitbestG	Mitbestimmungsgesetz
MRRG	Melderechtsrahmengesetz
OWiG	Gesetz über Ordnungswidrigkeiten
PartG	Parteiengesetz
PatG	Patentgesetz
PostG	Gesetz über das Postwesen
PStG	Personenstandsgesetz
RBerG	Rechtsberatungsgesetz
RPflG	Rechtspflegergesetz
ROG	Raumordnungsgesetz
RsprEinG	Gesetz zur Wahrung der Einheitlichkeit der Rechtsprechung der obersten Gerichtshöfe des Bundes
RuStG	Reichs- und Staatsangehörigkeitsgesetz
SchwG	Schwerbehindertengesetz
SG	Soldatengesetz
SGB	Sozialgesetzbuch
SGG	Sozialgerichtsgesetz
StGB	Strafgesetzbuch
StVG	Straßenverkehrsgesetz
SVG	Soldatenversorgungsgesetz
UrhG	Urheberrechsgesetz
UStG	Umsatzsteuergesetz
UWG	Gesetz gegen den unlauteren Wettbewerb
VAHRG	Gesetz zur Regelung von Härten im Versorgungsausgleich
VerbrkrG	Verbraucherkreditgesetz
VerlG	Gesetz über das Verlagsrecht
VerschG	Verschollenheitsgesetz
VersammlG	Versammlungsgesetz

VStG	Vermögenssteuergesetz
VVG	Gesetz über den Versicherungsvertrag
VwVfG	Verwaltungsverfahrensgesetz
VwVG	Verwaltungsvollstreckungsgesetz
VwZG	Verwaltungszustellungsgesetz
WEG	Wohnungseigentumsgesetz
WG	Wechselgesetz
WHG	Wasserhaushaltsgesetz
WiStG	Wirtschaftsstrafgesetz
WKSchG	Wohnraumkündigungsschutzgesetz
WoBiG	Wohnungsbindungsgesetz
WoGG	Wohngeldgesetz
WPflG	Wehrpflichtgesetz
WZG	Warenzeichengesetz
ZDG	Zivildienstgesetz
ZVG	Gesetz über die Zwangsversteigerung und die Zwangsverwaltung

Weitere Abkürzungen

a.E.	am Ende
a.F.	alte Fassung
AG	Aktiengesellschaft
AGB	Allgemeine Geschäftsbedingungen
Anl.	Anlage
AO	Abgabenordnung
AOK	Allgemeine Ortskrankenkasse
AZO	Arbeitszeitordnung
BAG	Bundesarbeitsgericht
BAnz.	Bundesanzeiger
BAT	Bundesangestelltentarifvertrag
BayObLG	Bayerisches Oberstes Landesgericht
Bek.	Bekanntmachung
bestr.	bestritten
BGBl.I	Bundesgesetzblatt Teil 1
BGH	Bundesgerichtshof
BHO	Bundeshaushaltsordnung
BRAO	Bundesrechtsanwaltsordnung

BRAGO	Bundesrechtsanwaltsgebührenordnung
BVerfG	Bundesverfassungsgericht
BVerwG	Bundesverwaltungsgericht
bzw.	beziehungsweise
DVO	Durchführungsverordnung
EGMR	Europäischer Gerichtshof für Menschenrechte
EMRK	Europäische Konvention zum Schutz der Menschenrechte
ErbbauVo	Verordnung über das Erbbaurecht
etc.	et cetera (lat.: und so weiter)
EuGH	Europäischer Gerichtshof
EU	Europäische Union
EV	Einigungsvertrag
e.V.	eingetragener Verein
EVO	Eisenbahnverordnung
EWG	Europäische Wirtschaftsgemeinschaft
EWGV	Vertrag zur Gründung der Europäischen Wirtschaftsgemeinschaft
FGO	Finanzgerichtsordnung
GesO	Gesamtvollstreckungsordnung
GewO	Gewerbeordnung
ggf.	gegebenenfalls
ggü.	gegenüber
GmbH	Gesellschaft mit beschränkter Haftung
Halbs.	Halbsatz
h.A.	herrschende Ansicht
h.L.	herrschende Lehre
h.M.	herrschende Meinung
i.d.F.	in der Fassung
i.d.R.	in der Regel
i.e.	im einzelnen
i.e.S.	im engeren Sinne
i.S.	im Sinne
i.w.S.	im weiteren Sinne
Jh.	Jahrhundert
Kap.	Kapitel
Kfz	Kraftfahrzeug
KG	Kammergericht, Kommanditgesellschaft
KO	Konkursordnung

KostO	Kostenordnung
LG	Landgericht
Lj.	Lebensjahr
NJW	Neue Juristische Wochenschrift
OHG	Offene Handelsgesellschaft
OLG	Oberlandesgericht
OVG	Oberverwaltungsgericht
PKW	Personenkraftwagen
RGBl.	Reichsgesetzblatt
RVO	Reichsversicherungsordnung
Sachgeb.	Sachgebiet
StbGebO	Steuerberatergebührenordnung
StPO	Strafprozeßordnung
st.R.	ständige Rechtsprechung
str.	streitig
StrlSchV	Strahlenschutzverordnung
StVO	Straßenverkehrsordnung
TÜV	Technischer Überwachungs-Verein
VGH	Verwaltungsgerichtshof
VO	Verordnung
VwGO	Verwaltungsgerichtsordnung
WBO	Wehrbeschwerdeordnung
WDO	Wehrdisziplinarordnung
WPO	Wirtschaftsprüferordnung
WRV	Weimarer Reichsverfassung
ZPO	Zivilprozeßordnung
zul.g.d.EV	zuletzt geändert durch Einigungsvertrag
zul.g.d.G.v.	zuletzt geändert durch Gesetz vom
z.Z.	zur Zeit